Peter Dyckhoff

Umarmung Christi

Peter Dyckhoff

Umarmung Christi

Bibliografische Information: Deutsche Nationalbibliothek.
Die Deutsche Nationalbibliothek verzeichnet diese Publikation in der Deutschen Nationalbibliografie; detaillierte bibliografische Daten sind im Internet über http://dnb.de abrufbar.

2. Auflage 2021

Hauptstr. 22, D-88353 Kißlegg
www.fe-medien.de

ISBN 978-3-86357-300-3

Satz: SATZstudio Josef Pieper, Bedburg-Hau
Umschlaggestaltung: Finken & Bumiller, Stuttgart
Druck: Pustet, Regensburg
Printed in Germany

Inhalt

Ein Wort zuvor

Ein kleines abgelegenes Bildungshaus zu gründen, war mein großer Wunsch, nachdem ich zum Priester geweiht wurde. Hier wollte ich all das, was ich durch mein Studium und durch meine geistlichen Lehrer gelernt und erfahren habe, praktisch umsetzen und so an andere weiter geben. Ich musste allerdings noch einige Jahre warten – so der Bischof von Hildesheim, Dr. Josef Homeyer, um genügend seelsorgliche Erfahrung für eine solche Aufgabe mitzubringen. Doch eines Tages stand die Gründung von »Haus Cassian« im Weserbergland bevor. Beim Aufbau des Hauses wurde mir nichts zu viel, sodass ich sogar eine Reise nach Südtirol, nach Sankt Ulrich in Gröden, unternahm, um dort bei den Holzschnitzern Kreuze für jedes Gästezimmer auszusuchen und zu erwerben.

Ich hatte Glück und fand genügend Kreuze, so wie ich sie mir vorgestellt hatte: ein aus Holz geschnitzter Korpus auf ein dunkelbraunes Holzkreuz genagelt. Zu Hause »behandelte« ich dann die Kreuze noch einmal, um ihnen ein antikeres Aussehen zu geben. Ich schüttete eine große Menge schwarzen Tee in heißes Badewasser, tauchte die Kreuze in den Tee und ließ sie einen Tag und eine Nacht lang sich verfärben. Das Ergebnis war ein noch schöneres, als ich es erwartet hatte. Diese Vorgeschichte lässt verstehen, wie unendlich traurig mich das Verhalten einer Gruppe machte.

Neben Kursen, die ich persönlich hielt, stellte ich »Haus Cassian« auch Gruppen zur Verfügung, die vom Generalvikariat der Diözese Hildesheim und anderer Diözesen empfohlen wurden. Da wir anfangs wenig Unterstützung hatten, brachte ich mich besonders an den Wochenenden bei der Hausarbeit ein. So war es zu meiner Aufgabe geworden, nach den Kursen die Zimmer zu inspizieren, das Licht zu löschen, die Fenster zu schließen, die Heizung herunterzufahren, die Bettwäsche abzuziehen, die Handtücher zu sammeln und mit der Wäsche zu beginnen. An einem solchen Sonntagabend – die Kursteilnehmer hatten sich verabschiedet – bemerkte ich, dass in allen Zimmern, und das sogar auch in der Kapelle, alle Kreuze fehlten. Mein Herz klopfte während meines längeren Suchens.

Doch dann endlich: Im Keller, hoch oben auf einem Putzschrank im Waschraum, entdeckte ich die Kreuze, wahllos und lieblos übereinandergestapelt. Über eine Trittleiter kam ich an die Kreuze und konnte jedes von ihnen greifen und nach Schäden untersuchen. Jetzt hatte ich wieder alle geliebten Kreuze um mich versammelt und keines von ihnen hatte einen Schaden erlitten. Wut, Ärger und Unverständnis kamen in mir hoch. Bevor ich die Kreuze wieder aufhängte, setzte ich mich auf die Treppe und weinte über ein so grobes missachtendes Verhalten einer in der Diözese bekannten Frauengruppe. Die Kreuze, die nun eine Geschichte hatten, waren etwas größer als gewöhnliche Wandkreuze und sie zogen sofort den Blick auf sich, wenn man in ein Gästezimmer kam. Fühlten sich die Kursteilnehmerinnen so herausgefordert, dass sie zu einem so radikalen Schritt der Ablehnung fähig waren?

Ich hatte leider niemals die Möglichkeit, mit der Gruppe oder der Leiterin zu sprechen, um die Gründe zu erfahren, die zu dieser aggressiven missachtenden Handlung führten. Ähnliche, aber nicht ganz so extreme Vorgehensweisen erlebte ich bei einer Nachbildung eines großen romanischen Kreuzes, das in der Kapelle hing. Obwohl es sogar der Auferstandene ist, der den Tod überwunden hat und uns liebevoll und gütig vom Kreuz entgegenkommt, wurde er von Kursteilnehmern abgelehnt und mit Tüchern verhängt. So erging es auch der Pieta in einer Nische in der Kapelle und einem großen Marienbild an der Wand, einer Leihgabe des Dommuseums in Hildesheim.

Wenn man in einem religiösen Bildungszentrum einen Kursus mit Übernachtung, das heißt, eigenem Zimmer, gebucht hat, darf man nicht eigenmächtig christliche Symbole entfernen, was auf eine Missachtung hinweist.

Nach dem Erlebnis der verschwundenen Kreuze im »Haus Cassian« hatte ich den starken Wunsch, einmal ein kleines Buch über das Kreuz zu schreiben, von dem uns Jesus Christus liebend entgegenkommt. Das Kreuz gehört zum Christsein und es ist von uns Menschen nicht zu umgehen oder zu leugnen. Die Wirklichkeit des Kreuzes und des Todes jedoch ist von Christus überwunden, der uns alle in seine Nachfolge und damit auch in die Auferstehung ruft.

So möchte ich, liebe Leserinnen und Leser, mit ein paar geistlichen Worten zur Bedeutung und Überwindung des Kreuzes beginnen.

Das Kreuz tragen und überwinden

Es gibt Situationen im Leben, in denen uns ein Kreuz auferlegt wird, das wir nicht ablegen können. Mögen wir uns auch noch so wehren gegen diese Last und das damit verbundene Leid: Sie sind uns zugeschrieben und von uns aus vermögen wir kaum etwas dagegen zu tun. Indem wir Ja sagen zum Ablauf dieser unabänderlichen Ereignisse, die sich sowohl körperlich als auch seelisch auswirken, blockieren und stören wir uns nicht selbst im folgerichtigen Verlauf unserer notwendigen Entwicklung.

Die meisten Menschen sträuben sich zunächst gegen das ihnen auferlegte Kreuz. Diese Haltung ist nur allzu gut verständlich, denn der Schöpfer hat im Grunde eine Welt geschaffen ohne Kreuze. Durch das Sein-Wollen wie Gott und das Leugnen seiner Existenz hat der Mensch einen Bruch in der Schöpfungsordnung verursacht. Durch seinen Sohn Jesus Christus, der das Kreuz für uns getragen und überwunden hat, hat Gott die Welt im neuen und ewigen Bund mit sich versöhnt. Damit sich dieser Bund und die Versöhnung vollendet, müssen auch wir einen Beitrag dazu leisten. Ganz ohne das Kreuz auszukommen, ist in dieser Welt noch nicht denkbar; doch durch, mit und in Jesus Christus, der uns hilft, unser Kreuz zu tragen, wird es uns gelingen, einmal das Kreuz und alle Kreuze dieser Welt zu überwinden.

Wenn wir uns an ihn, Jesus Christus, halten und seinem Wort und seiner Einladung zum gemeinsamen Mahl folgen, wird alle Auflehnung gegen das zu tragende Kreuz schwinden. In unserem Inneren werden dann auch keine negativen Gedanken gegen das Kreuz mehr sein, die eine Unzufriedenheit mit unserem Schicksal widerspiegeln oder gar andere Menschen belasten. Selbst tiefe innere Vorwürfe gegen Gott aufgrund unverständlicher und durch uns nicht beeinflussbare Ereignisse schwinden. Es bestehen keine Vorbehalte – ganz gleich, was er uns als Aufgabe oder zur Prüfung schickt.

Wer das Joch trägt, den trägt es

In einer alten Überlieferung von den Fischern der Lofoten, der Inselgruppe vor der Küste Nordnorwegens, heißt es: Wenn die großen Stürme erwartet werden, machen viele Fischer ihre Schaluppen, das sind ihre Boote, am Strand fest und begeben sich in ihre Behausungen. Andere Fischer dagegen machen eilig ihre Schaluppen seetüchtig und fahren mit ihnen aufs Meer hinaus. Diesen mutigen Schritt wagen sie, denn sie wissen, dass bei großen Stürmen ihre Boote auf hoher See sicherer sind als am Strand. Die ans Ufer rollenden hohen Wogen zerschmettern allzu schnell und leicht die dort vertäuten Schaluppen und zerstören damit die Existenz der Fischer. Durch die Kunst der Navigation sind selbst bei den heftigsten Stürmen die Fischerboote auf hoher See eher zu retten als die am Strand liegenden. Für die Fischer auf See beginnt jetzt ein besonders hartes Leben: Sie riskieren alles in der Hoffnung, ihre Schaluppen unbeschädigt durch Wind und Wogen zu navigieren.

Wer das Joch trägt, den trägt es.

In ganz besonderer Weise lädt Jesus all die Menschen ein, zu ihm zu kommen, die ein schweres Schicksal zu tragen haben. Er verspricht ihnen Entlastung und innere Ruhe. Ja, in jeder Not, aber auch generell in jedem Augenblick unseres Lebens, dürfen wir zu ihm kommen. An diese Einladung sollten wir uns immer erinnern – in guten und in schlechten Tagen. Wenn es uns gut geht und wir mit vielem beschäftigt sind, vergessen wir ihn allzu leicht; und in schlechten Tagen, wenn uns etwas belastet oder uns eine Pflicht ruft, die unser Planen durchkreuzt, sind wir teilweise so gefordert und besetzt, dass Jesus und sein liebendes Entgegenkommen uns nicht gegenwärtig ist.

Dieser wunderbaren und entlastenden Zusage Jesu sollten wir uns immer bewusst sein, besonders, wenn wir an einen Punkt in unserem Leben gekommen sind, an dem wir nicht mehr weiterwissen. Jesus Christus weiß um unsere Not. Um uns zu helfen und den Weg neu mit uns zu gehen, ist er vom Vater gesandt und in die Welt gekommen. Er verspricht uns: *Ich werde euch Ruhe verschaffen,* ich werde euch ausruhen lassen von allem Schweren, das ihr zur Zeit durchmachen und ertragen müsst.

Gerade dann, wenn wir uns am Ende unserer Kraft fühlen, keine Lösung für ein brennendes Problem wissen oder uns eine schwere Last zu Boden drückt, sollten wir Vertrauen haben, aufschauen zum Kreuz und um Gottes helfende Gnade bitten.

Die göttliche Ruhe und Gelassenheit wie auch die Kraft zum Weitergehen wird Jesus Christus uns schenken, wenn wir uns bittend an ihn wenden. Die größte Kraftquelle, aus der wir immer wieder seine Gnade empfangen dürfen, ist die heilige Eucharistie, in der er selbst gegenwärtig ist. Doch hilft er uns auch mit unsichtbaren Gnaden gerade da, wo wir am wenigsten damit rechnen. Er möchte uns vom Kreuz aus zu sich ziehen, um uns teilhaben zu lassen an seinem göttlichen und ewigen Leben. Jesus sehnt sich danach, dass wir uns nicht nur in unserer Not und Bedrängnis an ihn wenden, sondern uns immer ihm anvertrauen. Wir dürfen dann der Erfahrung sicher sein, dass wir Ruhe für unsere Seele finden und sich das vielleicht zu schwere Kreuz, das wir tragen müssen, in ein leichteres wandelt.

Jesus verspricht uns nicht, uns unser Kreuz abzunehmen. Aber – und das ist entscheidend – unsere Last wird zu seiner Last und unser Kreuz wird zu seinem Kreuz. Der Herr trägt unsere Angst, unsere Zweifel, unsere Not und unsere Krankheiten mit und schenkt uns dadurch Entlastung und Hoffnung auf ein unbeschwertes ewiges Leben. Ja, er hat sich sogar mit all unseren Sünden beladen und tut dies weiterhin, um all unsere Schuld durch seine Liebe zu uns zu tilgen.

Wenn uns die Botschaft und die Gegenwart Jesu Christi zutiefst erreicht haben, dann spüren wir, dass Jesus jetzt nicht einfach unser Kreuz mitträgt: Er hat unser Kreuz zu seinem gemacht. Das Schwerste an dem Kreuz, das er zu seiner eigenen Last gemacht hat, übernimmt er selbst und schenkt uns damit bereits Entlastung. Somit ist es letztlich nicht mehr unser Kreuz und unsere Last, die uns aufgebürdet wird und die wir zu tragen haben, sondern wir dürfen sein Kreuz – wie Simon von Zyrene es auf dem Weg nach Golgota getan hat – mittragen.

Auch uns begegnet Widriges und zeitweise erfahren wir durch Menschen Böses in der Welt. Das Wunderbare an der Menschwerdung Gottes besteht darin, dass Jesus Christus das Leid verursachende Böse in der Welt annimmt und verwandelt. Er begegnet dem Bösen nicht mit Hass und Erbitterung, sondern geduldig und demütig. Jesus als unser Herr, Lehrer und Meister möchte, dass wir von ihm lernen, ebenso allen Widerwärtigkeiten in unserem Leben zu begegnen, wie er es getan hat. Er möchte, dass wir freudig kommen, um das Wichtigste zu lernen, das es überhaupt gibt: Wir lernen zu lieben, zu vergeben, zu verzeihen und das Unvermeidliche anzunehmen; wir lassen uns in den Willen und die Liebe Gottes hineinfallen und werden durch Christus und in Christus und mit Christus reif für den Himmel und für Gott, in den hinein wir verwandelt werden.

Umarmung Christi – zum Buch

Liebe Leserinnen und Leser, ich freue mich außerordentlich, Ihnen mit dem Würzburger Kreuz ein ganz besonderes Kreuz vorstellen zu dürfen, das nur wenige kennen. Um es Ihnen vertraut zu machen, stelle ich das Würzburger Kreuz aus dem 14. Jahrhundert einem hundert Jahre jüngeren Kreuz gegenüber und lasse Sie die Unterschiede finden. Mit relativ wenig Worten, aber viel Bildern, nähern wir uns dem Wesen des Würzburger Kreuzes, das darin besteht, dass uns der Herr liebend vom Kreuz entgegenkommt. Wenn wir eine unumgängliche Kreuzeslast zu tragen haben, so möchte er sie mittragen und uns wissen lassen, dass auch wir auf diese Weise am Werk der Erlösung Anteil haben. Dies wird schrittweise mit dem Anschauen seines Abbildes erklärt.

Auf den ersten Blick sieht man kaum die Unterschiede der einzelnen Abbildungen, die Texte dieses Buches jedoch weisen darauf hin und deuten das, was vielleicht beim ersten Hinsehen unerkannt blieb. Je nach dem Standort des Fotografen und je nach der Ausleuchtung des Kreuzes werden Einzelheiten sichtbar, die auf einem einzelnen Bild ungesehen bleiben. Bild und erklärende Worte gehören in diesem Fall eng zusammen, um die Unterschiede des Würzburger Kreuzes und einer gewohnten Kreuzesdarstellung zu erkennen. Im Allgemeinen hat

Jesus, der als Sterbender oder »Toter« am Kreuz hängt, die Augen geschlossen; der Würzburger Christus dagegen ist aktiv; er hat die Augen geöffnet und schaut je nach Aufnahme ins Weite der Welt: Er schaut den Betrachter an oder den geheimnisvollen Jemand, den er umarmt.

Allein schon diese Unterschiedlichkeiten deuten darauf hin, dass es sich bei dem Würzburger Christus um einen lebendigen Christus handelt, wie er sich uns geheimnisvoll verborgen in der heiligen Eucharistie schenkt. Christian Hecht, ein Kunsthistoriker unserer Zeit, interpretiert den Schmerzensmann als »Messopfer-Christus«. Er schreibt dazu:

> *Wie auch immer die konkreten Entstehungsbedingungen des Schmerzensmannes gewesen sein mögen, eines ist offensichtlich: Im Rahmen der westeuropäischen Sakralkunst wird er zu einem der wichtigsten eucharistischen Bildthemen. Keine andere Darstellungsweise könnte besser den geopferten Leib Christi in überzeitlicher und dennoch realistischer Weise verbildlichen. Das spätestens seit der Zeit der Aufklärung so schwer verständliche Bildthema meint nämlich nicht nur allgemein die Eucharistie, sondern fast ausnahmslos Christus, der immer wieder neu auf dem Altar geopfert wird.*

Jesus am Kreuz – Christus am Kreuz

Welche Unterschiede sehen Sie?

Wenn mir etwas gut gelungen ist, das auch anderen hilft und zugutekommt, dann drücke ich meine Dankbarkeit im Allgemeinen nicht vor einem Leidenskreuz aus, sondern suche mir einen lichtvollen Platz – möglichst ohne Schatten. Ein Bild des Auferstandenen wird mein Dankgebet unterstützen. Wenn ich dagegen eine traurige Nachricht oder gar eine Todesnachricht entgegennehmen musste, werde ich ein Kreuz mit dem leidenden und sterbenden Jesus am Kreuz aufsuchen. Wenn Jesus mir als Leidender entgegenkommt, der unser Leid und unsere Schmerzen mitträgt, dann gibt er mir Kraft und lässt mich in Zeiten der Trauer nicht allein. Es gibt verschiedene Arten von Darstellungen des Gottessohnes am Kreuz, die mir in meiner gegenwärtigen Lebenssituation Hoffnung und eine Antwort geben können.

Da sich viele Menschen erst in ihrer Not an Gott wenden, identifizieren sie sich sehr schnell und leicht mit

IHΣOYC NAZA
PAIOΣ O BAΣI
ΛEYΣ TΩN
IOYΔAIΩN-
IESVS
NAZARENVS
REX
IVDÆORVM

dem leidenden Herrn am Kreuz und bitten ihn um Hilfe. Heitere und glückliche Momente im Leben lassen uns leider weniger an Gott denken und ihm danken. Wahrscheinlich hat sich auch aus diesem Grund die große Verehrung des Leidenskreuzes durchgesetzt. Es ist durchaus verständlich, dass Menschen in »normalen Zeiten« und in Hoch-Zeiten nicht unbedingt auf den leidenden und sterbenden Herrn schauen, sondern ihr Augenmerk auf die Überwindung des Kreuzes und die Auferstehung richten. Daher möchte ich generell zwei Arten von Kreuzen unterscheiden: Jesus am Kreuz und Christus am Kreuz. Bei der ersten Darstellung überwiegen das Leid und der Tod und bei der zweiten die Auferstehung Christi.

Uns allen – in welcher Lebenssituation auch immer wir uns befinden – kommt eine Kreuzesdarstellung entgegen, die den lebendigen und auferstandenen Herrn zum Inhalt hat: der Würzburger Christus, der Ihnen auf dem Umschlag des Buches mit dem Gestus der Umarmung entgegenkommt. Auf den vorherigen beiden Seiten ist dieses Kreuz einem Leidenskreuz gegenübergestellt, wie wir es meistens finden. Um tiefer in das Geheimnis des Kreuzes, in dem Heil und Leben zu finden ist, einzutreten, darf ich Sie, liebe Leserinnen und Leser, bitten, sich beide Kreuze genauer anzuschauen und die Unterschiede zwischen beiden herauszustellen.

Um nicht vorzugreifen, möchte ich an dieser Stelle nicht die Unterschiede, die ich sehe, aufzählen, denn sie werden nacheinander sowohl über das Bild als auch durch den Text des Buches besprochen. Mögen Sie durch die »Umarmung Christi« einen neuen und tieferen Zugang zum Kreuz bekommen, indem Sie sich von Christus nicht nur angesprochen, sondern auch in seine Arme genommen fühlen.

Dein Kreuz

Eine Legende erzählt von einer Gruppe Menschen, die sich auf einer Pilgerreise befanden und von denen jeder sein eigenes Kreuz zu tragen hatte. Sie pilgerten einem Ziel entgegen, in der Hoffnung, dort ihr Kreuz – und das für immer – absetzen zu können. Einem Kreuzträger wurde die Last seines Kreuzes auf dem Weg zu viel. Er stöhnte und jammerte, denn er hatte bei jedem Schritt Schmerzen, die durch das Kreuz verursacht wurden. Alle aus der kreuztragenden Gruppe wussten, dass die Größe und das Gewicht des Kreuzes auf das in ihrem Leben zurückzuführen war, was gegen die Schöpfungsordnung verstieß. Die Hoffnung auf ein Ende der Last ließ sie durchhalten. Der eine Kreuzträger jedoch glaubte, sein schweres Kreuz nicht weiter tragen zu können.

Als die Gruppe durch ein Dorf zog, entfernte sich dieser Mann von ihr und ließ sich von einem Bauern ein Stück vom Längsbalken seines Kreuzes absägen. Wesentlich erleichtert erreichte er die Gruppe wieder und zog mit ihr weiter. Eines Tages standen sie vor einer Schlucht, die einen schwindelerregenden Abgrund offenbarte, den es zu überbrücken galt. Wie von innerer Hand geführt, nahm jeder nacheinander sein Kreuz ab und legte es über den Abgrund. Und siehe da: Die Kreuze verbanden die beiden Felsen, zwischen denen die Schlucht sich auftat und alle konnten mit Hilfe ihres Kreuzes das unüberbrückbar scheinende Hindernis auf ihrem Weg der Erlösung bewältigen und hinter sich lassen.

Nur der Kreuzträger, der sein Kreuz hatte verkleinern lassen, musste zurückbleiben, denn er konnte sein eigenmächtig leichter gemachtes und verkürztes Kreuz nicht als Brücke benutzen, um die Schlucht zu überbrücken, wie es die anderen erfolgreich getan hatten.

Wo auch immer das Kreuz aufgerichtet wird, hat es uns Wesentliches zu sagen: entweder sichtbar vor uns oder es wird uns auferlegt. Möglichst zusammen mit einem geistlichen Begleiter sollten wir versuchen, die Tiefe dieses Heilszeichens auszuloten. Es gab eine Zeit, in der das Kreuz nur noch mit dem Todeskreuz Jesu identifiziert wurde, obwohl es die romanischen Kreuze seit über tausend Jahren gibt, wie auch die Kreuze, die Christus als Christkönig darstellen, also die Überwindung des Todes zeigen. Wir dürfen auf keinen Fall bei dem Todeskreuz Jesu stehen bleiben, obwohl es auch eine Wirklichkeit des Gottessohnes ist, die er überwunden hat. Daher beenden wir in der heiligen Messe das Gebet nicht mit den Worten: *Deinen Tod, o Herr, verkünden wir,* sondern fügen hinzu: *Und deine Auferstehung preisen wir.*

So beinhaltet das Kreuz im Allgemeinen und besonders das Würzburger Kreuz weitaus mehr: die Hoffnung auf eine Zukunft, in der aller Zwiespalt und alles Leid gelöst sind. Jedes Kreuz sollte ein Zeichen oder ein Symbol der Auferstehung und damit des Friedens, der Liebe, des Lichtes und der Vollendung an sich tragen. Es sollte mich in meiner gegenwärtigen Situation ansprechen und mir Mut machen, Unvermeidliches anzunehmen, und mir die unauslöschbare Hoffnung geben, es durch, mit und in Christus zu überwinden. Der »umarmende Christus« ist ein wunderbares und einsichtiges Beispiel dafür, dass der Kreuzestod und damit jeder Tod nicht das Letzte ist, sondern nur ein Übergangsstadium in die auf uns wartende kommende Welt. Das Schmerzensmannkreuz wird auch als Messopfer-Christus bezeichnet und sagt uns, dass ein jeder auf seine individuelle Weise von Gott geliebt ist und in der Eucharistie seine Gegenwart in Jesus Christus erfahren darf.

Das Kreuz, wenn der Tod an ihm überwunden ist, spiegelt die Grundordnung der Schöpfung wider und schenkt das Vertrauen darauf, dass der Schöpfer sie durch seine sich verströmende Liebe vollenden wird. Der Querbalken versinnbildlicht alles Geschaffene und der Längsbalken verbindet die Erde mit dem Himmel und stellt somit durch die aufopfernde Liebe des Gottessohnes die gebrochene Schöpfungsordnung wieder her. Die Vielfalt der Kreuzesdarstellungen reicht vom reinen Leidenskreuz, das den Tod Jesu zum Inhalt hat, über den umarmenden Christus, der jeden Menschen an sein Herz drücken möchte, über die Darstellung Christi als König bis zu den kosmischen Kreuzen, die Christus in der Verherrlichung darstellen oder ohne Korpus von der Wiederherstellung der Schöpfungsordnung sprechen.

Wo immer uns ein Kreuz begegnet: Wir sollten es als Heilszeichen betrachten. Der uranfängliche Logos hat sich inkarniert und sich im Liebesopfer hingegeben. Oftmals ist uns der tiefe Sinn des Kreuzes allerdings noch verborgen. Er wird uns jedoch durch Jesu Tod und seine Auferstehung, durch den Empfang der Sakramente und durch den Stil unseres Lebens langsam offenbart. Wenn es auch auf den ersten Blick verstehbar ist, dass Menschen das Todeskreuz Jesu fliehen und versuchen, es zu umgehen, so dürfen wir doch – gerade durch das Kreuz – das Heil erwarten. Ist nicht der umarmende Christus, der uns spürbar und voll der Liebe entgegenkommt, ein lebendiges Zeichen vom Himmel, das sich am Kreuzesbalken manifestiert? Das sich ständig verändernde und oft sogar gefährliche Leben wird transparent und lässt den heilswirkenden Urgrund erfahrbar werden.

Im Kreuz treffen also nicht nur Gegensätze aufeinander – wie zum Beispiel die Horizontale und die Vertikale, das Licht und die Dunkelheit und der Tod und die Auferstehung – sondern es wird ihre Einigung unmittelbar deutlich und anschaulich. Gegensätze werden sowohl als Zeichen als auch ihrem inneren Sinn nach im Kreuzmittelpunkt in einem dritten Element, dem Göttlichen, vereint. Hier findet Erlösung statt, in der alle Verschiedenheit und Zwiespältigkeit aufgehoben werden.

Im umarmenden Christus steigt der Herr vom Kreuz, weil er mich an sich ziehen und durch seine Liebe wandeln möchte. Wie wunderbar ist es dem Künstler gelungen, diesen Moment darzustellen, der jeden Augenblick wieder von Neuem stattfindet. Die Ohnmacht der gekreuzigten Liebe, die vom Gekreuzigten ausgeht, erwacht und wird überwunden, indem Christus seine Arme und seine Hände mit den darin steckenden Nägeln vom Kreuzesbalken nimmt, um uns zu umarmen, an sein Herz zu drücken und damit zu erlösen.

Wenn wir lange auf dieses Kreuz schauen und vor ihm beten, werden wir die heilende, ordnende und zentrierende Wirkung spüren. Besonders wird die Innerlichkeit des Menschen auf eine heilwirkende Mitte hin geordnet. Lassen wir diesen beginnenden Wandlungsprozess an uns geschehen und öffnen uns der entgegenkommenden Liebe. Wenn wir zu den Gründen unseres Daseins, also zum Seelengrund, vordringen, dann ist das Kreuz, das wir als Erstes annehmen müssen, der Schlüssel dazu. Dies geschieht nicht nur beim Würzburger Kreuz, sondern bei allen Kreuzen dieser Welt und somit auch für dein individuell zu tragendes Kreuz.

Wenn wir am Kreuz mit Jesus Christus »sterben«, das heißt, für die Zeit des Gebetes alles loszulassen, und dann mit ihm auferstehen, wird uns bewusst, dass jedes Leben aus einer heiligen und göttlichen Mitte entfaltet wurde und auch dorthin wieder zurückkehren möchte. Das Kreuz ist ein Zeichen für den Weg und die Ausfaltung aus der Mitte wie auch umgekehrt für die Einfaltung der Fülle zur Einheit. Der Weg führt von der Peripherie des Lebens zu seiner Mitte, zu der von Gott geeinten Fülle der Liebe in Jesus Christus.

Selbst noch am Kreuz spannte der Herr in seinem Leiden die Arme aus und umfasste liebevoll den Erdkreis. Indem er seinen Geist in die Hände Gottes legte, überwand er alles Leid und den Tod. Dann nimmt er seine Arme vom Kreuz und zieht dich an sein Herz. Das Kreuz sollte daher weniger ein Bild des Leidens und der Erniedrigung des Gottmenschen sein, sondern eher ein Bild der Erhöhung. *Und ich, wenn ich über die Erde erhöht bin, werde alle zu mir ziehen* (Johannes 12,32).

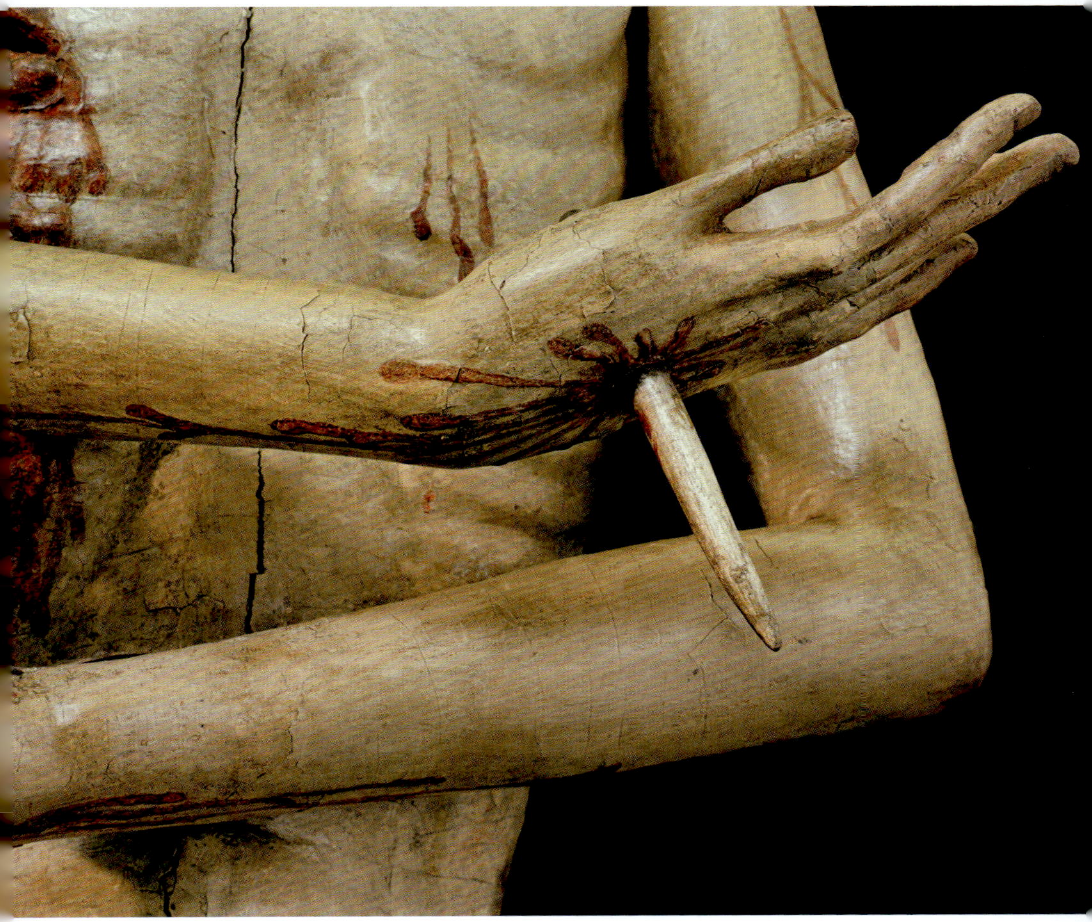

Dein Kreuz

Gottes ewige Weisheit hat von Ewigkeit her das Kreuz ersehen,
das Er dir als kostbares Geschenk aus Seinem Herzen gibt:
Er hat dieses Kreuz, bevor er es dir schickte,
mit Seinen allwissenden Augen betrachtet,
es durchdacht mit Seinem göttlichen Verstand,
es geprüft mit Seiner weisen Gerechtigkeit,
mit liebenden Augen es durchwärmt,
es gewogen mit Seinen beiden Händen,
ob es nicht einen Millimeter zu groß
und ein Milligramm zu schwer sei,
und er hat es gesegnet
mit Seinem allheiligen Namen,
mit seiner Gnade es durchsalbt
und mit Seinem Trost es durchduftet.
Und dann noch einmal auf dich
und deinen Mut geblickt –
und so kommt es schließlich
aus dem Himmel zu dir
als ein Gruß Gottes an dich,
als ein Almosen der allbarmherzigen Liebe.

Franz von Sales

Ort der Begegnung mit dem Himmel

Manche Orte, die wir besucht haben, bleiben uns in lebendiger Erinnerung und wir spüren eine Sehnsucht, dorthin zurückzukehren. Wir sollten – wenn es eben möglich ist – dieser inneren Sehnsucht folgen und immer wieder an diesem Ort verweilen, an dem uns Leben, Kraft und Ruhe zuströmt. Im Laufe der Jahrhunderte haben viele Menschen sich an immer gleichen Orten versammelt und dort vor einem Heiligtum ihre Sorgen und Nöte vorgebracht, gebetet, gedankt, geweint oder gefleht. Sie empfingen Segen und sehr oft Erhörung und Heilung.

Ein Ort, der mich immer wieder anzieht, ist Würzburg. Bin ich in der Nähe oder fahre durch Würzburg, richte ich es so ein, dass ich dort Station mache. Ich besuche die um 1060 erbaute Wallfahrtskirche, das Neumünster, ein doppelstöckiger Kirchenbau direkt neben dem Würzburger Dom. Unter dem Kirchenraum befindet sich die Kiliansgruft, die ab dem 15. Jahrhundert von vielen Gläubigen besucht wird, um den heiligen Kilian zu ehren und zu ihm zu beten.

Aber nicht dieses Heiligengrab ist es, das mich im Neumünster so besonders anzieht, sondern ein Kreuz, das im Kuppelraum der Oberkirche hängt. Schaut man zum ersten Mal auf Christus, der an diesem großen Kreuz hängt, beginnt man zu staunen und sich zu fragen, was es mit der sonderbaren Haltung des Gekreuzigten auf sich hat. Christus hat die Hände und Arme vom Kreuz genommen und hält sie wie zur Umarmung dem Betrachter entgegen – die Nägel, die ihn durchbohrten, noch in seinen Händen.

Jedes Mal, wenn ich in Würzburg bin und dieses Kruzifix besuche – es stammt aus der Zeit um 1350 –, setze ich mich unter das Kreuz, schließe die Augen und bete lange das Ruhegebet. Oftmals höre ich zwischendurch – doch eher an der Oberfläche –, wie Besucher des Neumünster vorüberziehen, aus einem Kirchenführer vorlesen oder Belangloses reden, doch selten unter dem Kreuz stehen bleiben. Diejenigen, die einen Moment verweilen, fragen oft erstaunt: »Was ist denn das?« Das habe ich mich früher, als ich das erste Mal diese Kirche besuchte, auch gefragt, bis ich über das Kreuz mehr von meinem Spiritual Dr. Johannes Bours erfuhr, vor allem aber die mystische Bedeutung dieses Kreuzes kennenlernte.

Eine alte Legende erzählt von einem besonderen Kreuz, an dem Jesus mit angenagelten Händen und Füßen hängt. Diesem Kreuz gegenüber zeigten die Gläubigen eine große Verehrung. Pilger beteten inständig und lange unter

dem Kruzifix und spürten, dass heilende Kräfte und viel Segen vom leidenden Christus ausgehen. Da ihre Anliegen zum Teil erhört wurden und jeder, der vor dem Kreuz betete, viel Gnadenkraft empfing, um anstehende Probleme zu lösen, brachten sie aus Dank dem Gekreuzigten wertvolle Geschenke. Diese sogenannten Weihe- oder Votivgaben bestanden aus silbernem und goldenem Schmuck, aus Ketten mit kostbaren Anhängern, kunstvoll gefassten Edelsteinen, aus Broschen und Ringen. Das Kreuz und der Corpus waren übervoll damit behangen.

Eines Tages war unter den Wallfahrern auch ein Söldner mit schlechten Absichten. Als gegen Abend der Pilgerstrom abnahm, versteckte er sich im Dunkel der Kirche und ließ sich einschließen. In der Nacht, als er sicher war, allein zu sein, stieg er auf den Altar, über dem das Kreuz hing. Als er gerade im Begriff war, die Silber- und Goldbehänge von der Dornenkrone Jesu abzunehmen, lösten sich die angenagelten Hände des Gekreuzigten und Jesus umfing mit seinen Händen und Armen den Dieb – liebevoll umarmend.

So ist Gott. Bis zum Äußersten kommt er in seinem Sohn Jesus Christus auch dem verzeihend, versöhnend und liebend entgegen, der ihn berauben will. Die alles wandelnde Macht Gottes ist die Ohnmacht der sich verschenkenden Liebe. Wie die ersten Menschen im Paradiesgarten sich einfach das nahmen, was ihnen nicht zustand, so versucht auch der Söldner, die Votivgaben an sich zu reißen – regiert vom »Fürsten dieser Welt«. In diesem Augenblick umfängt ihn eine unendlich große Liebe, weitaus größer, als die der Dieb dem kostbaren Schmuck gegenüber zeigt. Sein Haben- und Besitzenwollen, das man wohl kaum mit dem Wort Liebe bezeichnen kann, obwohl Liebe vom Göttlichen bis zum Dinghaften reicht, wird als Erstes von Jesus Christus angenommen, der sich, um uns zu wandeln und zu retten, im Sterben und im Tod am Kreuz ganz für uns hingegeben hat.

Indem Jesus den Söldner liebend umfängt und ihn an sein Herz drückt, zeigt er uns die Wahrheit des Wortes, dass man nur etwas ändert, wenn man es annimmt. Am und im Herzen Jesu ist der Ort der Begegnung mit dem Himmel. Jesus nimmt den Dieb und seine alles beherrschende Liebe zum Geld ohne Vorbehalt liebend an. So wird der Dieb festgehalten von der absoluten, alles umfassenden Liebe Jesu und ist gefesselt von seiner unendlichen Barmherzigkeit. Die göttliche Wahrheit nimmt ein Menschenherz an, weil sie den Menschen in seiner Mitte, in seiner Ganzheit, erreichen möchte, um ihn für Gott wiederzugewinnen. In der Gesinnung und im Herzen des Söldners findet Wandlung statt. Die überwältigende und wandelnde Liebe Gottes hat ihn ergriffen und ihm sein bisheriges, von dunklen Kräften bestimmtes Leben ins Bewusstsein gebracht. Spontan nimmt er Abstand von seinem Vorhaben und lässt sich fallen in die Liebe Gottes.

Viele Legenden ranken sich um den umarmenden Schmerzensmann aus dem Würzburger Neumünster. Hier sei noch eine Variante hinzugefügt:

Ein Dieb stieg einst in die Neumünsterkirche zu Würzburg ein. Er hatte bemerkt, dass ein Christusbildnis in der Kirche mit einer kostbaren goldenen Kette geziert war, die ein frommer Gläubiger zur Erfüllung eines Gelübdes gestiftet hatte. In ernster Ruhe verharrte der Gekreuzigte, die Arme fest an den Kreuzesbalken geheftet.

Strafend schienen die Augen der heiligen Gestalt den Kirchenräuber anzuschauen; aber der Dieb ließ sich nicht schrecken. Er nahte sich dem hölzernen Bild und streckte gierig die Hand nach der Goldkette aus. Da ließ das Bild seine Arme vom Kreuzesstamm los und umklammerte den Dieb. Dieser war aufs Höchste erschrocken. Er ächzte und winselte wie ein Fuchs im Eisen; aber niemand hörte ihn; denn das Kruzifix stand in der unterirdischen Krypta der Neumünsterkirche. Doch als dem Dieb die Umklammerung schier unerträglich wurde, stieß er gellende Hilferufe aus. Endlich hörten die Leute sein Geschrei. Man nahm den Verbrecher fest, band ihn und brachte ihn in sicheren Gewahrsam.

Noch ein zweites Wunder geschah: Die Arme des Gekreuzigten blieben in der gleichen Lage, auch als sie den Dieb losgelassen hatten, wie bei der Umfassung ausgestreckt, und so wird das Bild bis in unsere Zeit gezeigt und angestaunt.

Hier erfahren wir nichts von dem Sinneswandel und der Bekehrung des Diebes, der einfach nur hinter Gitter gebracht wird. Die meisten Legenden jedoch sprechen von einer inneren Wandlung und Einsicht des Diebes, nachdem Jesus ihm vergeben und ihn liebevoll an sein Herz gedrückt hat. Das Würzburger Kreuz, wie aber auch jedes Kreuz, wenn wir es innig betrachten und vor ihm beten, kann für uns eine innere Erfahrung der Begegnung mit dem Himmel auslösen. Doch ist diese Gnadenzuwendung ein Geschenk, das uns gewöhnlich erst dann zukommt, wenn wir am wenigsten damit rechnen.

Oft überfordert uns das Leben und wir kommen mit dieser Welt nicht mehr zurecht – mit dem Leid, den Kriegen, Krankheiten und Ungerechtigkeiten. Wir blicken in Abgründe von Schuld und Bosheit der Menschen. Dies ist die eine Seite unseres Lebens. Doch gibt es noch eine andere, eine licht- und hoffnungsvollere, denn tief verborgen im Innersten der Welt und der Menschheitsgeschichte schlägt liebend das Herz Jesu für uns. Es ist bereit, Dunkles in Licht, Liebloses in Liebe, Böses in Gutes und Unheil in Heil zu verwandeln. Das Herz Jesu ist eine ewige Kraftquelle, die Barmherzigkeit, Liebe und Heiligen Geist ausstrahlt. Indem Jesus durch seine Liebe zum Vater und zu allen Menschen dem widergöttlichen »Herrscher der Welt« die siegreiche Macht entzieht, kann er alle an sich ziehen, in den Lebensbereich Gottes hinein (vgl. Johannes 12,32).

Im Betrachten des Würzburger Kreuzes wird deutlich, wie Gott in Jesus Christus aus dieser Welt entfernt wurde und immer wieder neu entfernt wird durch Ignoranz und Sünde – bis ans Kreuz, bis in den Tod am Kreuz. Doch Christus hat das Kreuz und den Tod überwunden und zieht als Auferstandener in der sich verschenkenden Liebe alle an sich. Durch sie ist Christus immer bei uns und bereit, uns in jeder Situation zu helfen. Hier liegt der entscheidende Unterschied zwischen dem Christentum und allen anderen Religionen, in denen die Menschen in ihrer Bedrängnis und Not an die Macht eines entfernten Gottes verwiesen werden. Der Christ jedoch wird an die Ohnmacht der gekreuzigten Liebe verwiesen, an die Hingabe Gottes in der Gestalt Jesu Christi. In keiner Religion – außer der christlichen – wird Gott Mensch und steigt herab bis in die tiefsten Tiefen des durch Sünde verschatteten Menschenherzens, um es von aller Dunkelheit zu befreien.

Der Würzburger Christus macht uns auf ganz besondere und berührende Weise das Herabsteigen des Gottessohnes zu den Menschen deutlich: Jesus wird nicht nur Mensch, um uns zu zeigen, wie Gott ist und um uns zu ihm zurückzuführen, sondern er entäußert sich auch aus Liebe zu den Menschen bis zum Äußersten, bis zum Tod am Kreuz. Das Würzburger Kruzifix geht – sichtbar für uns alle – einen wesentlichen Schritt weiter: Es zeigt den Herrn, noch am Kreuz hängend, der das Kreuz und den

Tod überwunden hat. Davon sprechen seine geöffneten Augen und das überlange kostbare, golddurchwebte Lendentuch, besonders aber die vom Kreuzesbalken abgenommenen Arme, mit denen er jemanden liebevoll umschließt und an sein Herz drückt. Diese Umarmung gilt uns allen, einem jeden von uns, wenn wir bereit sind, uns von Gott in Jesus Christus berühren zu lassen.

In der zweiten Legende ist der Dieb noch nicht sogleich bereit, die liebevolle Umarmung Jesu als solche anzuerkennen und sich durch sie wandeln zu lassen. Er braucht Zeit, damit er das, was an ihm geschehen ist, einsieht und sein Leben danach ausrichten kann. Die Legende fügt am Ende noch etwas sehr Wesentliches hinzu, das jeden betrifft, der dieses Kreuz anschaut und vor ihm betet. Dadurch, dass Jesus seine Arme nicht wieder zurücknimmt an den Kreuzesbalken, wird sichtbar, dass seine Liebeszuwendung nicht eine einmalige ist, die einzig und allein dem Dieb gebührt, sondern allen Menschen zukommt, die bereit sind, sich von Gott anziehen, berühren und wandeln zu lassen. Diese göttliche Bewegung geschieht aus Liebe zu uns Menschen, aus Liebe zu uns. Diese Wirklichkeit steht hinter dem Würzburger Kruzifix.

Beim langen Betrachten des Würzburger Christus wird spürbar: Hinter all dem Leiden in der Welt, hinter dem Schweigen, Erdulden und mit sich Geschehen-Lassen steht eine unendliche Stärke des göttlichen Herzens. Nur diese Stärke, die aus der Liebe und der Hingabe kommt, ist in der Lage, zu verwandeln und zu retten. Allein das uns liebevoll Entgegenkommen des Du Gottes kann uns über die Todesgrenze hinaus retten und uns wieder ins wahrhafte Leben führen. Nur das Leben, das sich aus Liebe für uns verzehrt und aufopfert, trägt uns durch alle Schicksale und durch den Tod in die für uns bestimmte Ewigkeit. Die hingebende Liebe Gottes, die bis in die tiefsten verschatteten Tiefen eines menschlichen Herzens geht, entreißt uns dem Abgrund. Diese Offenbarungswirklichkeit, die uns auf so wunderbare Weise der Würzburger Christus vermittelt, erschließt uns den Sinn für das Mysterium göttlichen Tuns.

Wie gehen wir mit der uns geschenkten Kraft der Liebe um? Liebe, die von einem anderen Menschen nicht erwidert wird, ist in dieser Welt etwas sehr Schlimmes und äußerst Schmerzhaftes. Ein Kind, das lieben und geliebt sein möchte und das einfach unbeachtet stehen gelassen oder gar misshandelt oder missbraucht wird, zerreißt uns das Herz. Doch seine Liebe, die von Menschen nicht erwidert wird, schreit auf zu Gott und findet zu der Zeit, die Gott bestimmt hat, Erhörung und unendlich große Gegenliebe. Gott wird noch in Ewigkeit zu den Menschen sagen, die weder die menschliche noch die göttliche Liebe erwidert haben: »Seht, dieses Herz, das die Menschen so sehr geliebt hat.«

Damit wir Liebe, unendliche göttliche Liebe erfahren und sie an andere weiterschenken, hat Jesus Christus sich nicht nur für uns hingegeben, sondern er schenkt sich uns und damit auch seine Liebe in den lebendigen Zeichen des Mahles. Jesus lässt nichts aus und hält nichts für sich zurück, wenn es um unsere Rettung aus Lüge, Verlorenheit und Verlassenheit geht und er uns hinüberholen möchte in die Wahrheit, das Leben und die Liebe. In der Feier des Geheimnisses von Tod und Auferstehung werden wir in das Mysterium hineingenommen und erfahren, wie die gekreuzigte und sich verschenkende Liebe Jesu Christi uns jeglichem Abgrund und jeglicher Sünde entreißt.

Ein weiser Gedanke, eine philosophische Lehre oder eine Weisung der Weisen hilft uns letztlich nicht weiter, sondern nur Gott selbst, der uns in sein unbegreifliches göttliches Tun einbeziehen und uns durch die Hingabe seines Sohnes neues Leben und ewige Liebe schenken möchte. Folgen wir der Weisung Jesu Christi, der unser Weg, die Wahrheit und das Leben ist, und üben wir uns in der Hingabe an ihn – vornehmlich im Gebet –, werden wir eine Wandlung zu dem erfahren, wie Gott uns von Natur aus gedacht und gemacht hat.

Aus dieser zutiefst inneren Erfahrung der Hingabe entsteht lebendiger Glaube an die Existenz eines liebenden Gottes und die Auferstehung seines eingeborenen Sohnes von den Toten. Hinter alldem Schweren, das mir vielleicht begegnet ist oder das ich augenblicklich zu tragen habe, leuchtet die Gewissheit auf, dass Gott mich aus Liebe ins Leben gerufen und etwas unendlich Liebevolles mit mir vor hat. Er hat mir die Sehnsucht nach ewigem Leben eingepflanzt und verleiht mir die Kraft, nicht nur das Böse zu überwinden, sondern auch den Tod anzunehmen, um ihn durch, in und mit Christus zu besiegen. Wer ich auch bin und was immer ich auch getan habe: Gott verweigert mir die Erfüllung dieser Sehnsucht nicht.

Christus schaut dich an

In der »Chronik des Preußenlandes« von Peter von Dusburg, der als Chronist des Deutschen Ordens in der zweiten Hälfte des 13. Jahrhunderts lebte, ist ein Geschehen zu lesen, das auf das Würzburger Kruzifix hinweist:

Unter diesen Brüdern war einer von Gleißberg, der so heiligmäßig lebte, dass am Karfreitag, als der Gottesdienst in der Kirche gefeiert wurde und er sich in der gewohnten Weise kniend neigte, um das Kreuz zu küssen, das hölzerne Bild des Gekreuzigten sich erhob, seine Arme ausbreitete und ihn mit den Armen umfangen und umarmen wollte. Der Bruder aber hielt sich dessen für unwürdig und sprach: »Es ziemt sich nicht, Herr, dass du einen so niedrigen Sünder umarmst.«

Schon lange bevor wir Christus in den Blick und in unser Herz nehmen, sind wir in seinem Herzen lebendig und werden von ihm angeschaut, liebend angeschaut. Er liebt uns, ob wir nun von außen auf ihn zugehen oder er uns bereits in seinen Armen hält. Er möchte, dass auch wir unseren Blick auf ihn lenken und unser Herz auf ihn ausrichten, denn nur dann kann Wandlung mit uns geschehen. Der Herr möchte, dass wir ihn kennenlernen und dabei immer mehr wahrnehmen, wer und wie Gott ist. Ein altes Wort lautet: *Man wandelt nur das, was man annimmt.* Wir dürfen sicher sein, dass der Herr einen jeden von uns annimmt – vorausgesetzt, wir sind bereit, uns von ihm wandeln zu lassen.

Aber selbst wenn das nicht sofort geschieht, ist der Herr bereit, uns auch als Sünder und gegen ihn Seiende an sein Herz zu drücken und uns zum Besseren zu wandeln. Der Würzburger Christus gibt ein wunderbares schweigendes Beispiel und eine Antwort auf die unendliche Liebe Gottes. Es ist gut und entspricht letztlich auch unserer Sehnsucht, ihn näher kennenzulernen und zu erfahren, wer Gott und wie Gott ist. Der Dieb, außengeleitet, nimmt sich einfach das, was ihm nicht gehört, und reißt es an sich – gleich der Ursünde im Paradies, wo sich die ersten Menschen einfach das nahmen, was ihnen nicht gehörte. Sie wurden wegen ihres Ungehorsams der Anschauung Gottes beraubt, die Augen ihrer Seele schlossen sich und für die wechselhaften Dinge der Welt gingen ihnen die Augen auf.

Der Weg, Gott wiederzufinden, ist ein mühsamer, doch lohnt es sich allemal, da es die Sehnsucht unserer Seele ist, von Gott angeschaut zu werden und bei ihm zu sein.

Der umarmende Christus zeigt uns, wozu Gott in seinem Sohn Jesus Christus bereit ist, um uns seine Liebe erfahren zu lassen und uns zu wandeln. Jesus akzeptiert erst einmal den Dieb so, wie er ist. Ohne ihn davon abzuhalten, lässt er ihn gewähren. Auch dem kommt der Herr liebend entgegen, der Böses plant und ihn berauben will. Der Dieb spürt als Erstes, dass er festgehalten und gefangen genommen ist. Und erst langsam, später, geht es ihm auf, dass er gefesselt wird von der absoluten, alles umfassenden Liebe Jesu Christi und dass dieses ein Gefesseltsein von der göttlichen Barmherzigkeit ist.

Jetzt umfängt den Dieb eine Liebe, die wandelt und die weitaus größer ist als die Liebe zum Geld. Jetzt wird er umfangen, gehalten und getragen von der Liebe Christi, die ihm seine bösen Absichten nimmt, indem Christus ihn fest an sein Herz drückt. Wenn wir uns von der anziehenden Liebe Jesu Christi bewegen lassen, wird unsere Liebe zu ihm geweckt, sodass auch wir den tiefen Wunsch und die Sehnsucht haben, ihn anzuschauen und in seiner Nähe zu sein. Dazu ist es notwendig, zu ihm zu kommen, immer wieder zu ihm aufzublicken und uns für die Zeit unseres Gebetes in seine Hände und in seine Liebe hineinfallen zu lassen. Ein Kanon, dessen Text und Melodie von der Kommunität Gnadenthal stammen, soll dazu überleiten, dass auch wir den Herrn anschauen und so unsere Liebe zu ihm zum Ausdruck bringen:

Im Anschauen seines Bildes,
im Anschauen seines Bildes,
da werden wir verwandelt,
da werden wir verwandelt
in sein Bild. Amen.

Der Schmerzensmann, dargestellt als umarmender Christus am Kreuz, der seine Arme vom Kreuzesbalken abgenommen hat, um jemanden, ja, um mich an sich zu ziehen, um mir seine Liebe zu schenken, ist etwas ganz Besonderes und eine große Seltenheit. In der Mitte des 14. Jahrhunderts wurde ein Kruzifix geschaffen, das auf der Grundlage der damaligen religiösen Erfahrungen eine erlebte mystische Vision widerspiegelt. Eine Beschreibung und Erklärung dieser äußerst seltenen Kreuzesdarstellung soll dem Betrachter einen tieferen Einblick in dieses mystische Thema geben und ihn anregen, seinen eigenen Glauben zu stabilisieren und zu bereichern. Der Würzburger umarmende Christus wurde 2007 von Christoph Schädel hervorragend restauriert, sodass auf Kleinigkeiten eingegangen werden kann, die vorher nicht erkennbar waren. Ein großer Dank geht an Ulrich Kneise aus Erfurt, der das Kreuz auf ebenso hervorragende Weise fotografiert hat.

Um beim Betrachten Details besser zu sehen und zu erkennen, soll das Kreuz noch einmal in den Blick genommen und beschrieben werden. Dass es um 1350 geschnitzt wurde, liegt eindeutig fest. Aller Wahrscheinlichkeit nach besteht der Korpus aus Lindenholz; er hat eine Höhe von 2,20 Metern. Der Körper Christi liegt fest am senkrechten Kreuzesbalken; doch hat man beim näheren Hinschauen den Eindruck, dass der Gekreuzigte vor dem Kreuz schwebt. Beide Füße – der rechte Fuß bedeckt den linken – sind mit nur einem einzigen Nagel durchbohrt. Im Gegensatz zu den übereinandergelegten Füßen stehen die Arme, die Christus vom Querbalken des Kreuzes gelöst hat. Sie zeigen den Gestus einer Umarmung, obwohl der Betrachter niemanden sieht, der umarmt wird. Diese zunächst sonderbar erscheinende Haltung der Arme gehört zum entscheidenden Merkmal dieses außergewöhnlichen Kreuzes.

Die dünnen und langen Arme sind übereinander gehalten und berühren sich gegenseitig nicht. Ganz besonders fallen dem Betrachter die riesigen Nägel auf, die immer noch in den Händen stecken. Die Hände Christi sind übergroß und in den nach oben geöffneten Flächen sieht man die massiven Nägel, die der Herr bei seiner Umarmung aus dem Querbalken des Kreuzes gezogen hat. Schaut man auf die rechte Hand Christi, sieht man sogar den Nagelkopf der durchbohrten Hand.

Wie die Arme, so ist auch der gesamte Körper Christi überlang. Auf dem Oberkörper sieht man deutlich die hervortretenden Rippenbögen. Die Körper- und Kopfhaltung Christi zeigen deutlich, dass er ganz und gar dem zugewandt ist, den er mit seinen Armen umschließt. Innig schaut der Herr den an, den der Betrachter nicht sieht. Wer befindet sich in diesem leeren Raum zwischen den Armen und dem Brustkorb Jesu? Bin ich es vielleicht sogar, der vom leidenden Herrn liebend angezogen und an seine Brust gedrückt wird?

Die Augen Christi sind weit geöffnet und zeigen zusammen mit dem Gestus der Umarmung, dass Christus lebt, obwohl seine Seitenwunde bereits geöffnet und er damit gestorben ist. Das Kruzifix in der Würzburger Neumünsterkirche ist und bleibt jedoch die Darstellung eines Schmerzensmannes. Christus ist als »lebender und liebender Toter« dargestellt und nicht als verherrlichter Auferstandener, obwohl er eindeutige Züge der Auferstehung an sich trägt, wie zum Beispiel der wache und liebende Blick, der aktive Gestus der vom Kreuz abgenommenen Arme und das kostbare Lendentuch, das einen aufgenähten dunkelblauen Umschlag zeigt und aus einem von Goldblumen durchwirkten Stoff gefertigt ist.

Nach der Restaurierung – ich sah das Würzburger Kruzifix schon einige Jahrzehnte vorher – fallen besonders die farblich hervorgehobenen Wundmale auf, besonders die Seitenwunde durch ihre kräftige rote Farbe. Nicht zu übersehen sind die blutigen, sich verzweigenden Rinnsale, die vom Kopf herabströmen und sich über Arme und Beine ergießen. Die Blutströme folgen der Schwerkraft und fließen von oben nach unten. Von den Wunden der Hände gehen nur wenig Blutflüsse aus, die sternenförmig um die Nägel verteilt sind. Dass das Strömen des Blutes der Schwerkraft folgt, zeigt, dass es sich hier um die Urfassung des Christusbildes handelt. Wären die Arme ursprünglich wie bei fast allen anderen Kreuzesdarstellungen am Querbalken befestigt gewesen, so wäre das Blut in die entgegengesetzte Richtung geflossen.

Das Holzkreuz, von dem Christus sich herabneigt, um jemanden zu umarmen, weist an seinen Enden Kleeblattverzierungen auf. Ansonsten ist es ein sehr einfaches Kreuz, das aller Wahrscheinlichkeit nach auch das ursprüngliche Kreuz aus der Mitte des 14. Jahrhunderts ist.

Das Neumünsterkreuz blieb so gut erhalten, weil es immer auf ganz besondere Weise verehrt wurde. Der Schmerzensmann erhielt nicht nur als Dank erhörter Bitten von den Gläubigen Votivgaben in Form von Gold und Silber, sondern auch Naturalien, die vor dem Gekreuzigten niedergelegt wurden: etwa Eier, Brot und Semmeln, die dann an Bedürftige weitergegeben wurden.

Nachdem Christus für uns seine Arme vom Kreuz gelöst hat, um uns bei sich zu bergen, schaut er uns mit einem innigen und liebenden Blick an. Auch wir haben ihn betend betrachtet und ihn in unser Herz aufgenommen.

Gott ist der Gnadenvolle und gleichzeitig der Geheimnisvolle. Wir können ihn letztlich nicht in seinem eigentlichen Leben und Wesen erkennen, sondern nur sein Bild wie in einem Spiegel auffangen.

> *Wir alle aber schauen mit enthülltem Angesicht die Herrlichkeit des Herrn wie in einem Spiegel und werden so in sein eigenes Bild verwandelt, von Herrlichkeit zu Herrlichkeit, durch den Geist des Herrn* (2. Korintherbrief 3,18).

Und ich, wenn ich über die Erde erhöht bin, werde alle zu mir ziehen

Ein paar Jahre nach meiner Geburt hatten meine Eltern die Möglichkeit, zu einem sehr günstigen Preis ein Haus in Rheine zu mieten. Vater war Betriebsleiter und Textilingenieur in der Baumwollspinnerei seines Vaters. Mein Vater und sein Bruder, der die kaufmännische Leitung innehatte, ergänzten sich gut. Zu Fuß oder mit dem Fahrrad war die Firma innerhalb kürzester Zeit von dem neugemieteten Haus an der Adolfstraße zu erreichen; doch zog Vater es vor, mit dem Auto zu fahren. Hätten meine Eltern gewusst, wie kurz der Zweite Weltkrieg bevorstand und Vater eingezogen wurde, hätten Sie den Umzug in dieses Haus nicht unternommen. Da niemand glaubte, dass der Krieg sechs Jahre lang dauern und Mutter einige Jahre davon mit mir allein in dem Haus leben würde, ließen meine Eltern alles so, wie sie es geplant hatten.

Zu meinen ersten Erinnerungen an die Zeit, in der ich mit Mutter allein war, gehörte ein wunderbares Erlebnis, das sich mehrmals wiederholte und über das ich immer wieder staunte. Es ist mir bis heute unvergesslich. Im ersten Stock unseres Hauses, in dem sich auch unsere Schlafzimmer befanden, gab es ein Zimmer, das etwas abgelegen war und zum Nähen und Abstellen von Koffern und vielem mehr benutzt wurde. Mutter, die beruflich aus der Modebrache kam, musste während ihrer Ausbildung unter anderem auch lernen, mit der Nähmaschine umzugehen. Da ihr diese Arbeit nicht sehr lag, beschränkte sie sich auf das Notwendigste und blieb zeit ihres Lebens Weißnäherin.

Den Nähraum bedeckte ein grob geflochtener, dunkelroter ausrangierter Kokosteppich, auf dem inmitten des Raumes Mutters Nähmaschine Marke »Naumann« stand. Dieser Namenszug stand goldfarben in großen Buchstaben auf der schwarzen Maschine. Da Mutter sie über den Krieg rettete, kann ich mich an den Namen und den Schriftzug gut erinnern. Doch jetzt ging es um etwas ganz anderes.

Mutter besserte vornehmlich Bettwäsche aus, bei der es in der Regel nur gerade Nähte gab; ebenso Tischtücher und Handtücher, die sie bei Bedarf und nach Verschleiß verkleinerte, sodass schöne große Putz- und Wischtücher übrigblieben. Ich saß auf dem Fußboden in der Nähe ihrer Maschine und beobachtete, wie sie durch ihre Füße über eine Wippe der Nähmaschine Antrieb gab. Es war ein lustiges Spiel mit den Füßen, das sich mir da bot – schaute man doch als Kind sofort nach allem, was sich bewegte. Von Zeit zu Zeit fielen Stecknadeln zu Boden, wenn Mutter zum Beispiel einen vorher abgesteckten Saum durch die Maschine laufen ließ.

Manchmal saß ich nicht nur, sondern kniete auch auf dem Boden und wunderte mich nachher, dass das grobe Flechtwerk des Teppichs seine Eindrücke auf meinen Knien hinterlassen hatte. Es war schön zu sehen, wie sich nach geraumer Zeit diese rotfarbigen Eindrücke wieder ganz von selbst verflüchtigten. Aber es gab da noch etwas anderes, viel Wesentlicheres, was mich faszinierte und worauf ich wartete.

Während ihrer Arbeit sprach Mutter nicht viel, weil sie sich konzentrieren musste. Als sie ihre Arbeit beendet hatte – ich sah es an der Wippe, die jetzt stillstand –, nahm sie ein dickes gebogenes Eisen, das in seiner Biegung rot gefärbt war, und strich damit in einigem Abstand über den Boden. Und jetzt geschah das Unglaubliche, das Wunder, auf das ich gewartet hatte. Wie von unsichtbarer Hand geführt, richteten sich die Stecknadeln auf und sprangen an den Magneten – so nannte Mutter das Eisen. Ich staunte und staunte und staunte …

Die Nadeln hatten sich ganz von selbst auf den Weg gemacht, sprangen an das Eisen und hielten sich dort fest. Wie konnte das nur geschehen, fragte ich mich wie auch

Mutter, die mir allerdings keine Antwort auf meine Frage geben konnte als: »Das ist bei einem Magneten immer so, dass er Eisenteile anzieht.« Später, als es einmal wieder um physikalische Dinge ging, sagte sie, dass sie in den Fächern Mathematik und Physik keine guten Noten gehabt, sondern den Deutschunterricht allem vorgezogen habe.

Mutter beeilte sich mit dem Aufräumen im Nähzimmer, denn sie wollte mit dem, was ihr nicht besonders lag und ihr auch keine Freude bereitete, schnell fertig werden; ich dagegen konnte diesem Wunder der unsichtbaren Anziehung nicht lange genug zuschauen. Als ich etwas älter war, gab sie mir dann am Ende ihrer Näharbeiten den schweren Magneten in die Hand und ich durfte mit ihm über den Teppich fahren. War das eine Freude, denn ich fühlte mich so, als ob ich das Wunder selbst vollbringen würde. Ich konnte nicht genug davon haben. Es gab aber auch Nadeln, die sich nicht bewegen ließen, weil sie sich im Teppich verhakt hatten. Das waren die Widerspenstigen, die dann mühsam mit der Hand aufgelesen wurden.

Zu den verheerenden Folgen des Krieges – Vater war an der Front und später in russischer Gefangenschaft – gehörte auch die Zerstörung des gemieteten Hauses, sodass es nicht mehr bewohnbar war. Mit der Zerstörung und der Neuausrichtung in eine bessere Zeit schwanden auch viele Erinnerungen an meine frühe Kindheit, zu denen auch die Wunderkraft des Magneten gehörte.

Als ich später während meines Theologiestudiums der Stelle im Johannesevangelium begegnete, in der es von Jesus heißt: *Und ich, wenn ich über die Erde erhöht bin, werde alle zu mir ziehen* (12,32), musste ich unweigerlich an Mutters Stecknadeln denken, die von einer weit stärkeren Kraft als die der Erdanziehung in Bewegung gesetzt und angezogen wurden. Ist dieses Bild, das zu meinen frühkindlichen Erinnerungen gehört, nicht vergleichbar mit der anziehenden Liebe Jesu Christi, die er auf alle Menschen ausweitet, die sich von ihm bewegen lassen?

Ich bin zutiefst berührt von dieser Liebe Christi, die er in universaler Breite allen Menschen anbietet, die zu ihm kommen und sich von ihm führen lassen möchten. Der vorherrschenden Schwerkraft – verglichen mit der Kraft des Herrschers dieser Welt – ist die Macht entzogen, sodass der erhöhte und das Kreuz überwunden habende Christus alle Menschen mit sich in den Lebensbereich Gottes hineinnimmt. Der Herr offenbart sich hier in seinem wahren göttlichen Wesen: Er ist der Ziehende und gleichzeitig das Ziel.

Wie glücklich war ich, als ich während meines ersten Betrachtens des Würzburger Christus diese Anziehungskraft, die stärker ist als die Kraft der Erdanziehung, leibhaftig spürte. Sie hat mit lebendiger Glaubenswirklichkeit zu tun und ist ein Geschenk des Himmels. Bei mir waren es leider nur kurze Augenblicke des Angehobenseins und der damit verbundenen größeren Nähe und Liebe Gottes. Doch wenn man sie einmal, und sei es auch kurz, spüren darf, ist die Sehnsucht geweckt nach neuer Erfahrung der Liebe Gottes für Körper, Geist und Seele.

Wie erlösend wunderbar wäre es, wenn es sich mit der Anziehung so einfach gestalten würde, wie ich es bei Mutter und ihrem Magneten erlebt habe. In der Wirklichkeit gelebten Lebens haben sich viele Nadeln untereinander verhakt und lassen nicht ab voneinander; andere haben sich in einen Teppich verhakt und können nicht bewegt werden, da sie nicht loslassen können; andere wiederum haben so viel Gewicht angenommen, dass sie zu Nägeln geworden sind, und wenn diese gar noch angerostet oder verrostet sind, lassen sie sich vorerst überhaupt nicht bewegen ... Der gelebte christliche Glaube jedoch und vor allem der Empfang der heiligen Sakramente setzen in uns etwas frei, das uns entschwert und dem Himmel etwas näherbringt – und das inmitten der bewegten Welt, die eher die Tendenz hat, alles an sich zu ziehen, anstatt loszulassen und frei zu geben.

Jesus sagt in der Stunde der Entscheidung: *Jetzt wird der Herrscher dieser Welt hinausgeworfen werden. Und ich, wenn ich über die Erde erhöht bin, werde alle zu mir ziehen* (Johannes 12,31–32). Der Sieg über den Widersacher ist die

Voraussetzung, dass alle Menschen gerettet werden können – selbst wenn sie sich wie der Dieb im Würzburger Neumünster dem Gekreuzigten zunächst in böser Absicht nähern. Da Jesus dem »Herrscher dieser Welt« alle Macht entzieht, kann er alle an sich ziehen. Er nimmt alle Menschen, die sich zu ihm und an ihn wenden, in den göttlichen Lebensbereich mit hinein, indem er sie dem Herrschaftsbereich der widergöttlichen Macht entzieht, dem Bereich der Finsternis und des Todes.

Der für uns wichtigste Aspekt der Stunde Jesu besteht in der Erlösung aller Glaubenden. Dies kommt im Würzburger Christus wunderbar in universaler Breite zum Ausdruck, indem Jesus alle Menschen erlöst, die zu ihm kommen, sein Wort annehmen und sich von ihm führen lassen. Wenn Jesus von seiner Erhöhung spricht, so ist damit zunächst seine Erhöhung am Kreuz gemeint; aber das sich über die Erde erhebende Kreuz weist über sich hinaus auf die Herrlichkeit Jesu Christi in der himmlischen Welt. Von hier aus schenkt er allen, die mit ihm und nicht gegen ihn sind, seine rettende Kraft. Das Wort Jesu von seiner Erhöhung und von der erlösenden Kraft, mit der er uns alle an sich zieht, schließt sowohl seinen Tod als auch die Verherrlichung ein, die auch wir erfahren dürfen, wenn wir uns zu ihm bekennen.

- *Und wie Mose die Schlange in der Wüste erhöht hat, so muss der Menschensohn erhöht werden, damit jeder, der glaubt, in ihm ewiges Leben hat* (Johannes 3,14–15).
- *Wenn ihr den Menschensohn erhöht habt, dann werdet ihr erkennen, dass Ich es bin. Ihr werdet erkennen, dass ich nichts von mir aus tue, sondern nur das sage, was mich der Vater gelehrt hat* (Johannes 8,28).
- *Die Stunde ist gekommen, dass der Menschensohn verherrlicht wird* (Johannes 12,23).

Die vorausgehende Erhöhung am Kreuz macht es möglich, dass Jesus alle zu sich zieht, das heißt, von der Erde weg und damit aus dem Zugriff des Widersachers. Der Würzburger Christus spiegelt es wider: Für den Evangelisten, der die passenden Worte »Erhöhung« und »Anziehung« gefunden hat, ist das Kreuz bereits der Ort der Verherrlichung und der Beginn der Heilsherrschaft Jesu. Jesus zieht den zu ihm Aufblickenden nicht nur zu sich ans Kreuz, sondern gleichzeitig auch an sein Herz, das heißt, in den himmlischen Bereich. *Sie werden auf den blicken, den sie durchbohrt haben* (Johannes 19,37).

Jesus, der der Ziehende und gleichzeitig auch das Ziel ist, möchte uns dahin ziehen, wo auch er sein wird.

- *Wo ich bin, dort wird auch mein Diener sein. Wenn einer mir dient, wird der Vater ihn ehren* (Johannes 12,26).

- *Wenn ich gegangen bin und einen Platz für euch vorbereitet habe, komme ich wieder und werde euch zu mir holen, damit auch ihr dort seid, wo ich bin* (Johannes 14,3).
- *Vater, ich will, dass alle, die du mir gegeben hast, dort bei mir sind, wo ich bin. Sie sollen meine Herrlichkeit sehen, die du mir gegeben hast, weil du mich schon geliebt hast vor Grundlegung der Welt* (Johannes 17,24).

Wenn Jesus von »ziehen« spricht, meint er als Ziel den Ort, wo auch er ist, ja, er meint sich selbst. Letztlich und in allem wird das Ziel erst offenbar, wenn der Zug der Gnade von Gott, dem Vater, ausgeht. *Niemand kann zu mir kommen, wenn nicht der Vater, der mich gesandt hat, ihn zieht* (Johannes 6,44).

Johannes kommt es nicht auf ein individuelles Geschehen an, sondern auf ein universelles Geschehen, das in der »Erhöhung des Menschensohnes« stattfindet. Das bedeutet, dass alle Menschen aus dem Verhängnis der Sünde erlöst werden können. In der Erhöhung Jesu am Kreuz ist schon die Erhöhung zur Verherrlichung enthalten, die feierliche Einsetzung zum kosmischen Herrn und Lebensspender.

Eines sollten, ja, müssen wir allerdings bedenken: Wenn auch die Wendung »von der Erde erhöht« über das Kreuz hinausweist, bedeutet dies nicht, dass wir das Kreuz ausklammern dürfen. Die himmlische Erhöhung

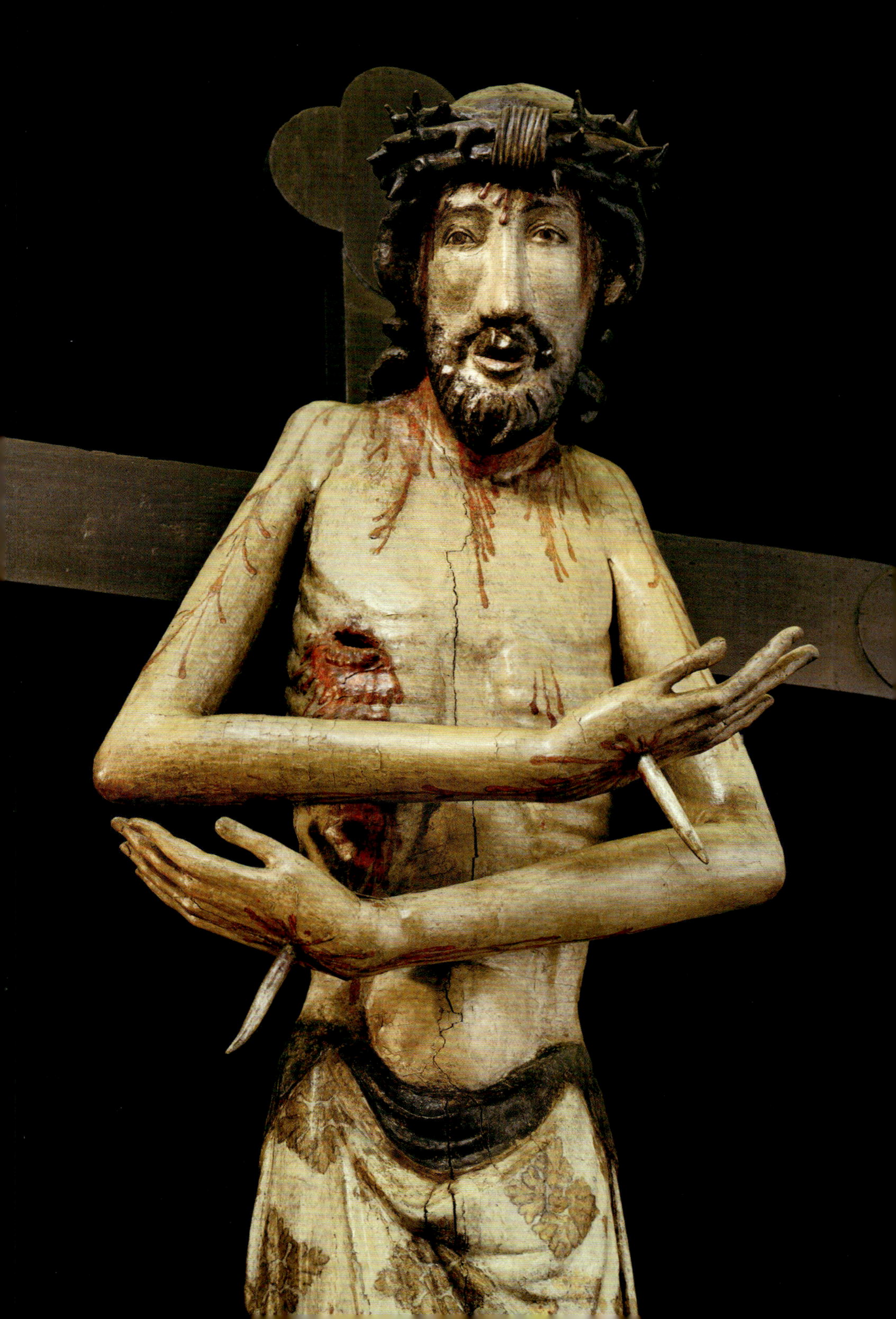

ist das Ziel, doch auf dem Weg dorthin kommen wir nicht am Kreuz vorbei. Das Kreuz bleibt im Hintergrund des durch Liebe siegreichen Christus, ebenso seine Dornenkrone, die Nägel und die Wundmale; und trotzdem ist die Kraft der Vergebung unserer Sünden, die Liebeskraft der Selbsthingabe und die Verherrlichung in der Auferstehung nicht nur sichtbar, sondern auch spürbar.

Das Würzburger Kruzifix zeigt deutlich, dass der Liebe der Schmerz vorausgegangen ist und jetzt der universelle Herrschaftsbereich Gottes, die Liebe, vorherrscht: Christus wendet sich dem Betrachter zu und schaut ihn an; er wird vom Herrn liebevoll umarmt. Im Innenraum, zwischen den Armen und dem Herzen Jesu, gibt es keine Nägel; das bis zu den Knien reichende Lendentuch ist aus kostbarem, mit Goldapplikationen besetzten Stoff gefertigt, der auf die Herrlichkeit des Himmels hinweist. Dies sind Elemente und Zeichen dafür, dass das Leid der Welt, Krankheit, Not und Tod, überwunden sind und sich schon bereits am Kreuz die Auferstehung Christi kundtut, in die wir alle mit hineingenommen sind.

Das Kreuz Jesu ist der Ort, an dem Gottes rettende Liebe offenbar geworden ist. Die Erhöhung verbindet nicht nur das Kreuz und die Herrlichkeit, sondern sie legt auch, indem der Erhöhte alle zu sich zieht, den Grund zu einer universalen Gemeinschaft, der Kirche. Der Würzburger umarmende Christus lässt uns wissen und macht uns sichtbar, dass der Erlöser und die Erlösten zusammengehören. Mit dem Aufstieg des von Gott in die Welt gesandten Christus vollzieht sich das Erlösungswerk und damit auch die Erhöhung der Seinen.

Siehe, dieses Herz, das die Menschen so sehr geliebt hat

Als sie aber zu Jesus kamen und sahen, dass er schon tot war, zerschlugen sie ihm die Beine nicht, sondern einer der Soldaten stieß mit der Lanze in seine Seite und sogleich floss Blut und Wasser heraus (Johannes 19,33–34).

Der Bericht des Evangelisten Johannes spricht nicht davon, ob die rechte oder die linke Seite Jesu durchbohrt wurde. Nach der Überlieferung jedoch war es die rechte Seite, durch die der starke Stoß einer Lanze bis zum Herz drang. Somit zeigen auch die meisten Maler und Künstler aller Zeiten in ihren Passionsdarstellungen die Wunde Jesu Christi auf der rechten Seite. So kommt uns auch der Würzburger umarmende Christus entgegen: Die große geöffnete Seitenwunde, aus der Blut und Wasser strömten, befindet sich auf der rechten Seite. Sie musste sehr groß gewesen sein, denn der Herr sagte zu Thomas: *Streck deine Hand aus und leg sie in meine Seite* (Johannes 20,27).

Betrachtet man dies heute aus medizinischer Sicht, so muss der Lanzenstich von der rechten Seite kommen, wenn er das Herz zentral treffen soll. Da die Längsachse des Herzens von rechts oben nach links unten verläuft, trifft man beim Lanzenstoß von links her die linke Kammer, von rechts dagegen den rechten Vorhof. Da bei Christus sehr viel Blut aus seiner Wunde floss, darf man annehmen, dass der Stich von rechts erfolgte. Beim Durchbohren der linken Herzkammer hätte kein Blut zu fließen brauchen, weil sie leer war und ein Nachfließen aus den Gefäßen somit nicht möglich war.

Wurde das Herz von der Lanze durchbohrt? Vom Herz wurde, weil Blut floss, der rechte Vorhof durchstoßen. Dies kann nur passieren, wenn der Lanzenstich von der rechten Seite her erfolgt. Die Mediziner sind daher der Auffassung, dass das Herz auf diese Weise von der Lanze durchbohrt wurde.

Viele glaubwürdige Visionen von Heiligen in der gesamten Kirchengeschichte bezeugen, dass der Einstich von der rechten Seite her erfolgte, der dann innerlich von rechts unten nach links oben das Herz durchbohrte. In einer Vision richtete der Herr 1675 die folgenden Worte an Margarita Marie Alacoque: *Siehe, dieses Herz, das die Menschen so sehr geliebt hat, dass es sich in keiner Weise geschont hat, sondern sich erschöpfte und verzehrte, um ihnen seine Liebe zu bezeugen.*

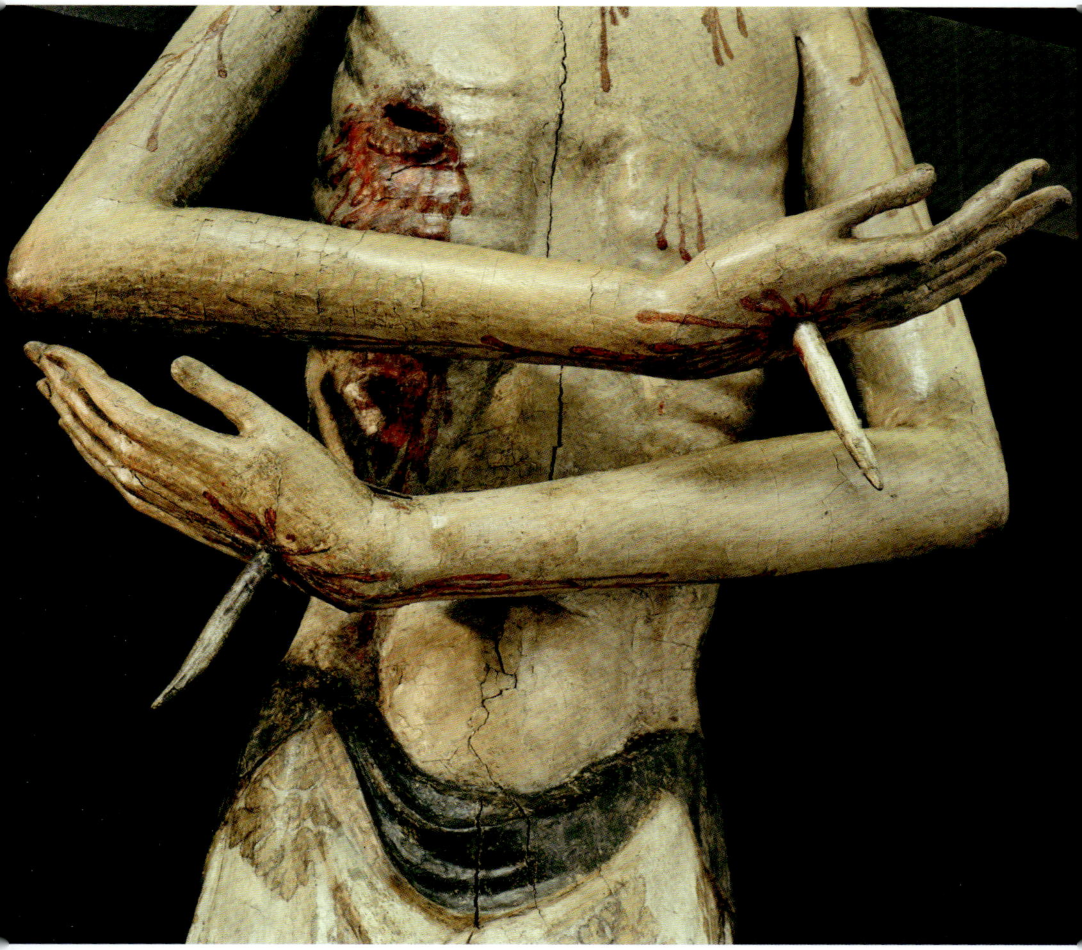

Es kommt noch ein wesentliches Element hinzu, das erklärt, warum der Einstich auf der rechten Seite erfolgte. In der Heiligen Schrift hat die rechte Seite eine ganz besondere, bevorzugte Bedeutung und Wertung. Sie ist die göttliche Seite und gleichzeitig die mystische und kreative Seite des Menschen.

- *Als Josef sah, dass sein Vater seine Rechte Efraim auf den Kopf legte, gefiel ihm das nicht. Josef ergriff die Hand seines Vaters, um sie von Efraims Kopf auf den Kopf Manasses hinüberzuziehen, und er sagte zu seinem Vater: Nicht so, mein Vater! Denn er ist der Erstgeborene; leg deine Rechte ihm auf den Kopf!* (Genesis 48,17–18).
- *Ich habe mir den HERRN beständig vor Augen gestellt, weil er zu meiner Rechten ist, wanke ich nicht* (Psalm 16,8).
- *Es geschah an einem anderen Sabbat, dass er in die Synagoge ging und lehrte. Dort war ein Mann, dessen rechte Hand verdorrt war* (Lukas 6,6). Er hatte keinen Bezug zu Gott mehr und war somit spirituell behindert.
- *Sie* (die Frauen) *gingen in das Grab hinein und sahen auf der rechten Seite einen jungen Mann sitzen, der mit einem weißen Gewand bekleidet war; da erschraken sie sehr* (Markus 16,5).
- *Nachdem Jesus, der Herr, dies zu ihnen gesagt hatte, wurde er in den Himmel aufgenommen und setzte sich zur Rechten Gottes* (Markus 16,19).

Außerordentlich viele Stellen in der Heiligen Schrift zeugen davon, dass die rechte Seite dem Göttlichen zugeordnet ist. Sicherlich sind auch diese Ansicht und dieser Glaube ausschlaggebend, dass seit frühester Zeit in der Geschichte der Kirche Christus am Kreuz mit einer rechtsseitigen »Herzwunde« dargestellt ist. Die Quelle, die beim Lanzenstich zu strömen begann, bedeutet für Johannes die Erfüllung der von allen Propheten verheißenen Erlösung. Der Prophet Sacharja sagt voraus: *An jenem Tag wird für das Haus David und für die Einwohner Jerusalems eine Quelle entspringen gegen Sünde und Unreinheit* (Sacharja 13,1). Die Erlösung findet im Kreuzmittelpunkt statt, im Herzen Jesu. Die Vertikale des Kreuzes führt in den Seelengrund des Menschen und andererseits hinauf zum Himmel. Das Kreuz möchte uns daran erinnern und uns wieder aufrichten.

Das Geheimnis des geöffneten Herzens des Herrn ist das verborgenste aller Geheimnisse der Passion. Auf den meisten Darstellungen des auferstandenen Christus sieht man seine fünf Wundmale. Der umarmende Christus zeigt nur vier von ihnen, da beide Füße übereinandergelegt sind und somit ein Wundmal dem Betrachter verborgen bleibt. Das Heil der Welt, das verborgen im Kreuz ruht, ist verbunden mit den Wunden Jesu, die er auch weiterhin als Auferstandener trägt. Die Liebe Gottes kommt allen Menschen entgegen – selbst wenn sie ihn ablehnen und gegen ihn sind. Wie oft erfährt der Herr eine erneute Kreuzigung durch uns, wenn wir ihm wehtun oder ihn beleidigen. Das Leid, das wir ihm durch jede Sünde zufügen, geht selbst am auferstandenen Christus nicht spurlos vorüber, sondern bewirkt Schmerz, der durch die noch nicht geschlossenen Wundmale dargestellt und uns in Erinnerung gerufen wird.

Die geöffnete Seite Jesu, Symbol seines durchbohrten Herzens, ist die Offenheit Gottes zum Menschen. Jesus Christus wird aus Liebe zu den Menschen und der gesamten Schöpfung so lange verletzlich sein und die Wundmale an sich tragen, bis der letzte Mensch und die gesamte Schöpfung erlöst sind.

Wir reden vom Herzen, wenn wir das Geheimnis des Menschen ansprechen. Nur der Liebende kann das Wort »Herz« in seiner tieferen Bedeutung verstehen. Es ist ein Wort, das eint. Das menschliche Herz ist in der Lage, die Unendlichkeit aller Wirklichkeit transparent zu machen und somit auf Gott zu verweisen. Wie unendlich dankbar dürfen wir sein, wenn uns die Gnade zu dieser Transparenz geschenkt wird und wir Gottes Nähe und Gottes Wesen spüren und uns viel Verborgenes einsehbar gemacht wird.

Man kann das menschliche Herz auch als liebendes Bewusstsein bezeichnen, das letztlich auf Gott ausgerichtet ist und durch ihn am Leben gehalten, genährt und getränkt wird. Diese Verbindung und Verbundenheit sind umso stärker und durchlässiger, je reiner und befreiter das Herz von allem Ballast ist und von dem, was den Menschen von der liebenden Zuwendung Gottes trennt. Wir sind jetzt tiefer mit Gott verbunden, sodass in unserem Herz Entgrenzung auf das Gottesbewusstsein stattfinden kann, das wir auch Berührung des göttlichen Herzens nennen dürfen. Unser Herz ist jetzt der Ort der Begegnung mit dem Himmel, zu einem Ort der Transzendenz geworden, an dem sich Erde und Himmel berühren.

Wenn wir auf den Würzburger Christus und auf seine große geöffnete Seitenwunde schauen, sehen und spüren wir, dass Gottes ewiger Logos ein menschliches Herz hat, das uns bis zur Ohnmacht der göttlichen Liebe – durchbohrt am Kreuz – entgegenkommt. Christus hat die Arme vom Kreuz genommen, um uns, einen jeden von uns, liebevoll an sein durchbohrtes Herz zu drücken. Ein altes jüdisches Sprichwort des Rabbi Nachman von Bratislav lautet: *Es gibt nichts Ganzeres als ein gebrochenes Herz.* So widersprüchlich dieses Wort für den Verstand auch ist, so bewahrheitet es doch auf der mystisch-geheimnisvollen Ebene einen Zustand, den nur ein wahrhaft Liebender kennt.

Jedes Herz braucht ein anderes Herz, an das es sich verströmen kann. Liebe, die vergeblich liebt, ist in dieser Welt wohl das Bitterste. Die Liebe des durchbohrten Herzens Jesu jedoch ist ein bleibender Quellgrund, aus dem wir immer und immer wieder schöpfen dürfen. Alle Gnade nimmt vom Herzen Jesu ihren Ausgang. Wenn unser Herz aufnahmebereit ist, dürfen wir Gnade über Gnade aus dem Herzen Jesu empfangen.

Im Osterlicht oder vom österlichen Glauben und vom Auferstandenen her sind seine Wunden nicht mehr Orte des Todes, sondern auf Gott hin entgrenzte Bereiche, die uns einen unmittelbaren Zugang zu seinem Wesen und zu seiner selbstlosen Liebe erlauben. Diese göttliche Liebe, die sich bis zum Letzten entäußert, kommt uns vom Kreuz her entgegen. Der umarmende Christus macht dies ganz besonders deutlich. Die vom Kreuz ausgehende Liebe entfaltet sich einerseits über den Längsbalken, der zum Himmel und gleichzeitig in die tiefsten Tiefen des menschlichen Herzens führt, und andererseits über den Querbalken, der, wie die Umarmung Christi, alle Menschen und die gesamte Schöpfung umfasst.

Heiligstes Herz Jesu, du Inbegriff der Liebe, sei du uns Schutz im Leben und Unterpfand des ewigen Heils. Sei du uns Stärke in Schwachheit und Unbeständigkeit … Du Herz der Milde und Güte, sei unsere Zuflucht in der Stunde unseres Todes … Herz der Liebe, auf dich setzen wir unser ganzes Vertrauen. Von unserer Bosheit fürchten wir alles; aber von deiner Liebe hoffen wir alles. Tilge in uns, was dir miss-

fallen oder entgegen sein könnte. Deine Liebe präge sich so tief unseren Herzen ein, dass wir dich niemals vergessen, dass wir niemals von dir getrennt werden können.
Herr und Heiland, bei deiner ganzen Liebe bitten wir dich: Lass unsere Namen tief eingeschrieben sein in deinem heiligsten Herzen. Unser Glück und unsere Ehre soll es sein, in deinem Dienst zu leben und zu sterben. Amen.

Margarita Maria Alacoque

Das Haupt voll Blut und Wunden

O Haupt voll Blut und Wunden,
voll Schmerz und voller Hohn,
o Haupt, zum Spott gebunden
mit einer Dornenkron,
o Haupt, sonst schön gekrönet
mit höchster Ehr und Zier,
jetzt aber frech verhöhnet:
Gegrüßet seist du mir.

Erscheine mir zum Schilde,
zum Trost in meinem Tod,
und lass mich sehn dein Bilde
in deiner Kreuzesnot.
Da will ich nach dir blicken,
da will ich glaubensvoll
dich fest an mein Herz drücken.
Wer so stirbt, der stirbt wohl.

(Gotteslob Nr. 289, 1.4)

Die aufrechte Haltung des Schmerzensmannes aus dem Würzburger Neumünster vermittelt etwas Hoheitliches, eine Haltung, die dem auferstandenen Herrn zukommt. Die Hoheit des Auferstandenen verkörpert er bereits trotz seiner Schmerzen und der offenen und blutenden Wundmale am Kreuz. Der Kopf Christi ist oval und ein wenig nach rechts geneigt, demjenigen entgegenkommend, den er liebevoll mit seinen Armen umfasst. Dieser bleibt jedoch für den Betrachter des Kreuzes unsichtbar. Ihn schaut der Herr mit stillem, aber durchdringendem Blick an. Ein Toter, der lebt? Ja, beim Evangelisten Johannes ist das Kreuz bereits Ort der Verherrlichung. Trotz der geöffneten Seitenwunde, die Jesu irdischen und leiblichen Tod bezeugt, ist der Herr lebendig.

Die Mehrzahl der Darstellungen Jesu am Kreuz zeigen ihn als sein Leben hingebend an den Vater, ein passives Geschehen bei geschlossenen Augen. Man spürt, wie der Herr sich mit Körper, Geist und Seele dem Vater hingibt, ja, sich ihm ganz anvertraut, indem er spricht: *Vater, in deine Hände lege ich meinen Geist* (Lukas 23,46). Der Schmerzensmann aus der Neumünsterkirche in Würzburg hat diesen Moment der Hingabe und den körperlichen Tod überwunden und setzt sein Erlösungswerk fort, das er in dieser Welt begann. Seine Augen sind geöffnet und hellwach – auf den gerichtet, der ihn jetzt am notwendigsten braucht. Vor allem aber zeigen die vom Kreuz abgenom-

menen Arme einen aktiven Liebesimpuls, der von Gott ausgeht, vom Urquell des Lebens, der Liebe.

In der mittelalterlichen Mystik, wie sie durch Meister Eckhart, Heinrich Seuse und Johannes Tauler zum Ausdruck kommt, ist der Wunsch nach zärtlicher Liebe zu Gott enthalten, der Wunsch, in seine Nähe zu kommen und von Ihm angeschaut zu werden. Aber welch eine Überraschung: Der Gottessohn kommt uns liebend entgegen, und das bereits als Auferstandener in seinem Tod. Vom Kreuz her lässt er uns sein liebendes Entgegenkommen spüren. Augustinus sagt: *Die Sehnsucht Gottes ist der Mensch.*

Schauen wir auf den Kopf Christi mit seinen geöffneten Augen, fällt uns vielleicht die große langgezogene Nase auf, die in die Augenbrauen übergeht. Auf der Stirn werden zahlreiche dicke Blutrinnsale sichtbar. Um sie plastisch und realistisch erscheinen zu lassen, sind sie in Kreidegrund-Auftragstechnik gearbeitet – wie aus dem Restaurationsbericht zu lesen ist.

Das braune Haar Jesu ist leicht gewellt und umrahmt sein ovales Gesicht, indem es bis zu den Schultern herabfällt. Der relativ kleine Mund zeigt dicke Lippen und wird von einem leicht gelockten Bart umgeben, der auch an den Wangen zu sehen ist. Betrachtet man die Lippen etwas länger und intensiver, hat man den Eindruck, dass Christus ganz leise zu dem spricht, den er in seinen Armen hält. Könnte ich es nicht selbst sein, zu dem sein Mund spricht: *Ich habe dich nicht aus der Ferne geliebt …* Der Würzburger Christus ist unter verschiedenen Bezeichnungen bekannt: Vir dolorum, Schmerzensmann, umarmendes Kruzifix, Amplexus, Bild von der Kreuzabnahme oder Grablegung, Christus, der immer wieder auf dem Altar geopfert wird, Messopfer-Christus … Könnte man ihn da nicht auch den sehenden und sprechenden Christus nennen?

Die wenig auffallende Dornenkrone – so der Restaurationsbericht – ist abnehmbar und stammt wahrscheinlich aus einem späteren Jahrhundert, eventuell sogar erst aus dem 19. Jahrhundert. Wahrscheinlich wird der Schmerzensmann aber immer eine Dornenkrone getragen haben.

Das Lendentuch Christi

Die Evangelisten sprechen zwar von der Entkleidung Jesu vor der Kreuzigung, jedoch erwähnen sie das Lendentuch nicht, das sie ihm umlegten, um seine Blöße zu bedecken. Bei der Fußwaschung erwähnt Johannes allerdings ein solches Tuch aus Leinen:

> *Jesus, der wusste, dass ihm der Vater alles in die Hand gegeben hatte, und dass er von Gott gekommen war und zu Gott zurückkehrte, stand vom Mahl auf, legte sein Gewand ab und umgürtete sich mit einem Leinentuch* (Johannes 13,3–4).

In dem apokryphen Nikodemusevangelium heißt es: *Und als sie* (Jesus und die beiden Missetäter) *an den* (vorgeschriebenen) *Ort kamen, entkleideten sie* (die Juden) *ihn und umgürteten ihn mit einem linnenen Schurz und setzten ihm die Dornenkrone aufs Haupt.* Der Schurz ist ein um die Hüften gebundenes Lendentuch, das »Perizonium Domini« genannt wird. Es war sowohl römische als auch jüdische Sitte, einem Verurteilten ein Lendentuch zu lassen. Nach allgemeiner Auffassung wurde Christus nackt oder nur mit einem Lendentuch bekleidet gegeißelt. Deshalb schließt man darauf, dass die Entkleidung Jesu bereits vor der Geißelung stattfand. Welch große Demütigung muss diese Entkleidung für Jesus gewesen sein!

Das Lendentuch Christi gehört zu den vier großen Aachener Heiligtümern, die alle sieben Jahre gezeigt werden. Es besteht aus einem groben, gräulich weißen Gewebe. Dieses Tuch scheint aus einem größeren Gewand herausgeschnitten zu sein. Wahrscheinlich war es ursprünglich eine Tunika.

Im Gegensatz zu den meisten anderen Darstellungen des Gekreuzigten trägt der Würzburger Christus ein kostbares Lendentuch, das einem Schmucktuch gleicht. Als ich zum ersten Mal vor dem Würzburger umarmenden Christus stand, fiel mir die Besonderheit dieses Lendentuches nicht auf. Es war die Zeit vor der Restaurierung, als alle Farben noch verblasst oder nicht wahrnehmbar waren. Wenn man sich den Schmerzensmann heute anschaut, ist es wie eine Offenbarung, zu sehen, was er alles, das vorher unsichtbar war, ans Tageslicht bringt. Hier darf man besonders auf die Wundmale verweisen, deren kräftige rote Farbe jetzt stark ins Auge fällt. Ebenso wird auch das lange, bis zu den Knien herabfallende Lendentuch sichtbar, das durch seinen Faltenwurf einen mehrdimensionalen Charakter annimmt.

Oben wird das Tuch von einem breiten dunkelblauen Bund gehalten. An den Seiten fällt rechts und links ein schmaler Stoffstreifen herab, der sehr zur Plastizität beiträgt. Ein Blumenmuster in Gold lässt das Tuch nicht nur kostbar erscheinen, sondern macht es auch besonders wertvoll. Auf hellem Grund werden acht große goldene vierblättrige Blattrauten sichtbar, die jeweils kleine kleeblattähnliche Rosetten umschließen. Diese kleineren Blumen treten auch über das ganze Tuch verteilt einzeln auf. Ein breiter Goldrand umsäumt das Lendentuch.

Hier schauen wir auf ein sehr großes und edles Lendentuch, das in sich eine Schönheit trägt, wie sie nur äußerst selten bei einem Gekreuzigten zu sehen ist. Wie der Aachener Lendenschurz aus grobem, gräulich weißem Gewebe besteht, so wirken auch alle anderen Lendentücher Christi einfach und schlicht. Sie fallen kaum ins Auge, da sie kleiner und aus unscheinbarem Stoff gefertigt sind. Hier ist es umgekehrt: Das Lendentuch des umarmenden Christus ist von außerordentlicher Länge, sodass es noch die Knie des Gekreuzigten umschließt, und – das fällt in besonderer Weise auf – es besteht aus einem sehr kostbaren Stoff, der eingearbeitete oder aufgesetzte Goldblumen aufweist.

Als Sterbender und Toter am Kreuz hat Christus hier alles Leid und den Tod überwunden und zeigt sich als Lebender – das Kreuz im Rücken und mit noch angenagelten Füßen –, als Liebender, der alle Menschen an sein Herz drücken möchte. Dies kann er nur als Auferstandener, von seinem Vater bevollmächtigt. So hat das Kreuz, auf das wir schauen, nicht nur die Charakterzüge von Not, Krankheit und Tod, sondern es strahlt gleichzeitig auch das Wesen dessen aus, der die Welt überwunden hat, um als Christkönig alle an sich zu ziehen. Dazu gehören die großen, dich anblickenden geöffneten Augen, die sich für dich vom Kreuz gelösten Arme und Hände, die dich und deine Seele liebevoll umschließen, und das kostbare Gewand, das auf die königliche Herrlichkeit des Himmels weist.

Das Würzburger Kreuz zeichnet sich also dadurch aus, dass Christus als Lebender mit offenen Augen dargestellt wird, seine vom Kreuzbalken genommenen Arme alle und alles umarmen und dass er ein halbes Gewand aus kostbarem Stoff trägt – statt eines gewöhnlichen Lendentuches.

Der Schmerzensmann als Messopfer-Christus

Zwischen dem Messopfer, dem eucharistischen Brot, und dem Opfer des Schmerzensmannes besteht eine sehr enge Beziehung. Das Opfer des Schmerzensmannes unterstreicht den Opfercharakter der heiligen Messe. Das Bild des Schmerzensmannes bietet sich hervorragend an, um das Geheimnis des Glaubens zu verbildlichen, das heißt, der menschlichen Vorstellungskraft entgegenzukommen. Aus diesem Zusammenhang wird verständlich, dass das Schmerzennsmannkreuz ein Bestandteil eines Altaraufbaues gewesen sein muss. Dass das Würzburger Kreuz über einem Altar aufgestellt war, ist seit dem frühen 17. Jahrhundert bekannt.

Der Schmerzensmann steht förmlich auf dem Altartisch und ist während jeder heiligen Messe präsent. Auf manchen Altären war er die einzige Figur. Die Darstellung Christi mit den vom Kreuz losgelösten Armen wurde in früheren Zeiten als ein allen irdischen Raum- und Zeitverhältnissen enthobenes Visionsbild angesehen. Bild und Altar gehören unweigerlich zusammen. Wenn man sie trennt, fehlt am Altar der Messopfer-Christus und damit der Einblick in tiefe mystische Zusammenhänge des Geheimnisses des Glaubens. Das Würzburger Kruzifix stellt Christus dar, der sich am Kreuz geopfert hat und immer wieder im Opfer der heiligen Messe gegenwärtig wird.

Ist die Darstellung des umarmenden Christus nicht in einem grundsätzlichen Sinn paradox: ein selbstständig aufrecht stehender Toter? Die Augen des Gekreuzigten sind geöffnet und sein Gesicht zeigt keinerlei Schmerzensregung – trotz der großen Seitenwunde und der Nägel, die in den Händen stecken. Dies kann nur mit einer bildhaften Annährung an das mystische Geheimnis des Opfertodes Christi zu tun haben.

Schon sehr früh stellte man in der westlichen Kirche einen Zusammenhang her zwischen dem Schmerzensmann und der Eucharistie, sodass dieser zum Messopfer-Christus wurde. Keine andere Art der Darstellung konnte besser den geopferten Leib des Herrn in einer überzeitlichen Weise verbildlichen. Gerade dieses Kreuz unterstreicht, was das vierte Laterankonzil von 1215 bestätigt: dass Leib und Blut Christi im Sakrament des Altares unter den Gestalten von Brot und Wein wahrhaft enthalten sind und dass in der heiligen Messe Christus selbst der Priester und das Opfer ist. Von dieser Thematik her wurde das Würzburger Kruzifix fast notwendig mit der Erhebung der konsekrierten Hostie in Beziehung gesetzt.

Die Elevation der Hostie wurde als das Hauptgeschehen der Messe verstanden, bei dem die Gläubigen das Opfer Christi zusammen mit dem Messopfer-Christus wahrnehmen konnten. Allgemein wurde deshalb über vielen Altären Schmerzensmanndarstellungen angebracht. So hing früher auch der Würzburger Schmerzensmann – wie gesagt – über einem Altar, damit das wunderbare Bild Jesu Christi mit dem Messgeschehen in größtmögliche Übereinstimmung kam. Die Theologie betonte unterstützend immer wieder, dass bei der irdischen Messfeier die himmlische Wirklichkeit unmittelbar gegenwärtig ist. So erscheint Christus als Schmerzensmann in der heiligen Messe zeitgleich mit der konsekrierten Hostie. Es gab auch die Praxis, dass während der gesamten Messfeier die konsekrierte Hostie anwesend war – so auch gleichzeitig der Schmerzensmann.

Umarmung des heiligen Bernhard von Clairvaux

Die legendäre Vision des wunderbaren Ereignisses, das Bernhard von Clairvaux (1090–1153) erfahren durfte, wurde von dem Zisterzienser Konrad von Eberbach (verst. 1221) im »Exordium magnum Cisterciense« überliefert. Er war der Erste, der sich eingehender mit der Umarmung (Amplexus) des heiligen Bernhard von Clairvaux beschäftigte.

Menardus, ehemals Abt von Mores, einem Clairvaux benachbarten Kloster, ein frommer Mann, berichtete seinen Angehörigen folgende wundersame Geschichte, die ein anderer erlebt hätte. Wir aber glauben, dass sie ihm selbst widerfahren ist: »Ich kenne einen Mönch, der den heiligen Abt Bernhard einst antraf, wie er in der Kirche allein betete. Als dieser vor dem Altar hingestreckt lag, sah er über ihm über dem Boden ein Kreuz mit dem Gekreuzigten, das der selige Mann in höchster Andacht anbetete und mit Küssen bedeckte.

Dann schien ihm, dass die Majestät selber die Arme von den Enden des Kreuzes löste, den Diener Gottes umfasste und an sich zog. Während der Mönch dieses eine Weile beobachtete, war er vor übergroßem Erstaunen regungslos und geriet gleichsam außer sich. Zuletzt aber fürchtete er, den Vater zu beleidigen, wenn der ihn so gleichsam als Erforscher seiner Geheimnisse und so ganz nahe bei sich sehe. Deshalb ging er still weg, denn er erkannte und wusste von jenem heiligen Menschen, dass sein ganzes Gebet und sein Wandel wahrscheinlich übermenschlich waren (De crucifixo Bernardum amplexante).

Die älteste Darstellung der Umarmung Christi des heiligen Bernhard, die vom Kreuz her geschah, ist im frühen 14. Jahrhundert am Oberrhein entstanden. Es ist eine Miniatur in einem Graduale, das aus dem Zisterzienserinnenkloster Wonnental bei Kenzingen im Breisgau stammt. Als Graduale bezeichnet man ein liturgisches Buch mit den Gesängen der Messe. Diese kostbare Handschrift auf Pergament und Papier entstand zwischen 1340 und 1350 und wird »Wonnentaler Graduale« oder »Graduale cisterciense« genannt. Die Größe des Buches beträgt 46 x 35,5 cm und es besteht aus 258 in lateinischer Sprache geschriebenen Blättern. Die Notation erfolgt als Quadratnotation. Der Codex befindet sich heute in der Badischen Landesbibliothek von Karlsruhe.

et non est inuen ta in me ini quitas
Exaudi domine iusticiam meam intende
deprecationem me am. Gloria. e v o v a e.
xix · clix
in medie ecclesie. LX. Dne preuenisti. bti bernhardi abbis.
Alle luia
si dus ce li prece
bernharde fide li nobis confer ho die

Das Wonnentaler Graduale ist reich an Verzierungen und bewohnten Initialen. Auf der rechten Seite 195 sehen wir in der bewohnten Initiale O den Amplexus des heiligen Bernhard von Clairvaux. Das schlangenartige Getier auf der rechten und linken Seite des Kreuzes kann dem wunderbaren Geschehen nichts anhaben. Vom reich verzierten Rankenhintergrund hebt sich das schlichte rot- und rosefarbene Kreuz ab. Der auf der rechten Seite kniende Zisterzienser ist der Mönch, der dieses Wunder aus unmittelbarer Nähe gesehen und bezeugt hat. Für Abt Bernhard ist sein Mitbruder nicht sichtbar, denn er schaut dem Herrn direkt in die Augen. Hinter Bernhard wird sein grüner Abtstab sichtbar: Grün ist die Farbe des Lebens, der Hoffnung und der Auferstehung.

Christus umarmt vom Kreuz her den heiligen Bernhard. Dazu hat der Gekreuzigte seine Arme vom Kreuzesbalken gelöst und neigt sich tief herab. Beim genauen Betrachten der Miniatur sieht man, dass auch Bernhard seine Arme ausgestreckt und seine Hände geöffnet hat, um seinerseits Christus zu umarmen. Die Hände des Herrn ruhen auf den Schultern des Heiligen und es sieht so aus, als ob Christus zusätzlich in seiner rechten Hand den grünen Abtstab und ein Buch trägt, um nach der Umarmung dem Heiligen beides zu übergeben. Doch Christus schaut noch in diesem Moment äußerster Stille in die Seele des heiligen Bernhard. Die innere Vereinigung wird

INRI
bernharde fide li nobi

sichtbar durch die beiden goldfarbigen Heiligenscheine, die zu einem großen gemeinsamen Nimbus werden.

Eine Kleinigkeit, die dem Betrachter nicht sofort auffällt, sind die beiden schwarzen Nägel, die im Querbalken stecken. Der Herr hat sie überwunden und zurückgelassen, um zu zeigen, dass es in dieser Umarmung kein Leid und keine Schmerzen mehr gibt. Hierin besteht einer der großen Unterschiede zum Würzburger Kruzifix. Auf beiden Darstellungen ist die Haltung des Gekreuzigten die eines Umarmenden. Beide Motive drücken die gleiche bildhafte Umsetzung von mystischen Erlebnissen aus. Ist diese Miniatur aus dem Graduale vor dem Würzburger Schmerzensmann entstanden und ist dieser vielleicht von der Miniatur abgeleitet oder beeinflusst? Es gibt Kunsthistoriker, die davon überzeugt sind, dass der eigentliche Ursprung aller umarmenden Kreuze von der Abnahme Jesu vom Kreuz und der Grablegung stammt, wozu allerdings die Beweise fehlen.

Beide Darstellungen – das Würzburger Kruzifix und der Amplexus des heiligen Bernhard – haben gemeinsam, dass es sich um eine Umarmung handelt. Die Miniatur zeigt eindeutig, wer umarmt wird, der Christus aus der Neumünsterkirche lässt allerdings nur vermuten, wer umarmt wird. Beim Amplexus wird gezeigt, wie tief sich der Gekreuzigte vom Kreuz ablöst und sich weit herabbeugt, um den Heiligen zu umarmen. Beim Würzburger

Christus fehlt das Moment des Herabbeugens, der Herr bleibt auch bei leiser Zuneigung des Kopfes der Aufrechte. Würden seine Arme den Gestus des Umarmens nicht zeigen, dächte wohl kein unvoreingenommener Betrachter bei einem Schmerzensmann an eine Umarmung.

Bei der Umarmung des heiligen Bernhard handelt es sich um ein einmaliges Wunder im Leben des Heiligen. Und doch gibt es viel Gemeinsames auf beiden Darstellungen: Der Tote am Kreuz lebt, obwohl sein Körper mit Wundmalen übersät und seine große Seitenwunde sichtbar ist. Die Füße liegen übereinander und sind nur mit einem Nagel ans Kreuz fixiert.

Einen wichtigen Aspekt des Lebens zeigen die Nägel der Hände. Auf der Miniatur hat Jesus sie am Querbalken zurückgelassen als Zeichen der Überwindung des Kreuzes und des Todes und beim Kreuz aus dem Neumünster stecken die Nägel noch in den vom Kreuz abgenommenen Händen – sofort sichtbar für alle. Beide Male hat Christus seine Augen geöffnet; er schaut den Umarmten an und scheint mit ihm zu sprechen, was bei der Miniatur durch den grünen Abtstab und das Buch in der rechten Hand Jesu noch deutlicher wird. Egid Beitz schreibt: *Christus ist hier dargestellt als Gott, der Frau Seele inbrünstig umarmt und von ihr in gleicher Inbrunst umfasst werden soll.*

Der Würzburger Christus geht über eine besondere Begegnung hinaus und ist bereit, jeden, der ihn anblickt, an sein liebendes Herz zu drücken. Darin liegen bereits das Leben, die Liebe und die Erlösung des Auferstandenen – sichtbar durch die vom Kreuz gelösten Arme und Hände, die jedem einen Schutzraum anbieten, wenn er sich umarmen lässt; sichtbar durch die Augen Christi, die den »Umarmten« anblicken und ihm den Sinn des Lebens und einen Auftrag zusprechen, und nicht zuletzt das kostbare Lendentuch, das auf die Herrlichkeit des Himmels hinweist. Die beiden Füße Christi bleiben dagegen durchbohrt am Kreuz. Vielleicht ein Hinweis auf sein eigenes Wort: *Ich bin mit euch alle Tage bis zum Ende der Welt* (Matthäus 28,20).

Fünf geistliche Impulse von Dr. Johannes Bours

(nach Tonaufnahmen)

Er trägt das All durch sein machtvolles Wort

Johannes Bours

Im Hebräerbrief steht das Wort: *Er trägt das All durch sein machtvolles Wort* (Hebräerbrief 1,3). Was bedeutet dieses Wort? Die Darstellung des Würzburger Kruzifixes zeigt uns, was dieses machtvolle Wort meint. Christi Macht ist die Ohnmacht der sich verschenkenden Liebe. Hier kann man es erkennen: die sich verschenkende Liebe. Das Kruzifix hängt in Würzburg im Neumünster, der Kirche neben dem Dom.

Gottes Hinbewegung in seinem machtvollen Wort geht bis zum Äußersten. Bis zum Äußersten kommt er uns entgegen. Eine Legende erzählt, dass es ein Wallfahrtskruzifix mit angenagelten Händen gab, über und über behangen mit Wallfahrtsweihegaben, Votivgaben aus Silber und Gold. Ein Räuber, ein Soldat, ein Söldner, ließ sich zur Nacht in der Kirche einschließen. Er stieg auf den Altar und nahm vom Kreuz die Silber- und Goldbehänge. Da lösten sich die Hände des Gekreuzigten und umarmten den Dieb liebevoll.

Es ist zwar eine Legende, doch eine Wahrheit ist in ihr verborgen. Bis zum Äußersten kommt der Herr sogar dem entgegen, der ihn berauben will, und schenkt ihm seine Liebe. Jedes Menschen Antlitz umspielt das Liebeswerben Gottes. Das wird an dieser Christusdarstellung deutlich.

In der Neumünsterkirche in Würzburg saß ich mit einigen Theologen lange schweigend und betend vor diesem Kreuz. Wir schauten es uns an und sprachen nicht. Ein junges amerikanisches Ehepaar war auch in der Kirche, und nachdem sie einen Rundgang durch die Kirche gemacht hatten, sahen sie, dass wir immer noch dasaßen. Sie setzten sich neben uns und fragten: »Was ist das?«

Das kann man wohl fragen: »Was ist das?« Paulus sagt: *Die göttliche Torheit ist weiser als die Menschen und die göttliche Schwäche ist stärker als die Menschen.* »Die göttliche Schwäche ist stärker als die Menschen« – das sehen wir an diesem Bild. Die Schwäche Gottes entreißt uns dem Zusammenbruch. Seine Hingabe schafft Rettung. Die Mitte, die alles trägt, von der alles lebt, ist das geopferte Lamm, ist das durchbohrte Herz. Das ist die Mitte. Das Lamm ist würdig, von Gott, dem Vater, die Kraft zu empfangen, das Leben zum Weiterschenken zu empfangen.

Wir kommen oft nicht mehr mit den Rätseln dieser Welt zurecht, mit den Abgründen, mit den Absurditäten dieser Welt. Wo das Wort nicht ist, da ist auch kein Gespräch und keine Begegnung mehr. Der umarmende Christus kann uns daran erinnern, dass diese Kraft tief verborgen im Innersten der Welt und Menschengeschichte liegt. Der tiefste Grund der Welt ist Liebe, ist das Herz. Der Herr bittet uns, durch unser Leben die Ausstrahlung dieser Liebe durchzulassen. Er bittet uns darum und ruft uns dazu auf, durch unser Leben die Ausstrahlung dieser seiner Liebe durchzulassen. Er will durch uns seine Liebe weiterschenken.

Im Innenraum sind keine Dornen

Johannes Bours

Das Kreuz entstand im 14. Jahrhundert. Der Blick geht auf die Hände und auf die vom Kreuz gelösten Arme. Ich bete:

Du hast deine Arme vom Kreuz gelöst. So wie die Hände jetzt sind, zeigst Du uns, dass Du alles in Freiheit auf Dich genommen hast.
Ich sehe die schrecklichen Nägel. Aber Du umfängst etwas mit Deinen Armen, ganz darauf achtend, es nicht zu verletzen – ich sehe es nicht … Dort, wo der Lanzenstich in Dich drang, wohnt das Geborgene. Sollte es sein, dass ich es bin, den Du da bergen willst?
Du hast Dich befreit zur Liebe. Sehen Liebende so aus, wenn sie Geliebtes umfangen? Nein – nur Du, der wahrhaft Liebende. Du hast Dich zuvor in den Tod gegeben, damit ich jetzt Deiner Liebe glauben kann. Und Dein Mund spricht: Ich habe dich nicht aus der Ferne geliebt …
Gilt es, durch die Nägel Zugang zu Dir zu finden? Wenn ich zu Dir komme, treffe ich als Erstes die Nägel. Aber hinter ihnen erkenne ich Dein Herz. Und wenn ich dein Herz erkannt habe, fange ich an zu verstehen, warum Du mich so

an Dich ziehen willst. In diesem Innenraum sind keine Dornen.
Ist das die Gestalt Deiner Erhöhung? »Und ich, wenn ich über die Erde erhöht bin, werde alle zu mir ziehen« (Johannes 12,32).
Herr, Du bist nicht tot, Du lebst. Dein Mund spricht: »Wie mich der Vater geliebt hat, so habe ich euch geliebt. Bleibt in meiner Liebe!« (Johannes 15,9).

Der antike Mensch, der Grieche, hat ein völlig anderes Gottesbild. Wir kennen die Götterbilder der Griechen. Apoll ist der heile, schöne und bewundernswerte Mensch. Ein bekanntes Wort von Bonhoeffer: »Gott lässt sich aus der Welt herausdrängen ans Kreuz. Gott ist ohnmächtig und schwach in der Welt und gerade so ist er bei uns und hilft uns.« Hier liegt der entscheidende Unterschied zu allen Religionen. Die Religiosität des Menschen verweist ihn in seiner Not an die Macht Gottes in der Welt. Die Bibel verweist den Menschen an die Ohnmacht und das Leiden Gottes. Nur der leidende Gott kann helfen.

Jesus sagt: »Wer mich sieht, sieht den Vater.« Das heißt, »wer mich sieht«, sieht etwas Wesentliches von Gott. »Wer mich sieht«, sieht das Wesentliche von Gott. Der umarmende Christus aus der Neumünsterkirche in Würzburg zeigt uns genau das: So ist Gott, das tut Gott. Gott entäußert sich in die äußerste Gestalt hinein. Gottes Hinbewegung zur Welt geht zuletzt so vor sich: bis zum Äußersten (usque ad finem). Es gibt also in Gott so etwas, was Christus am Kreuz tut. Es ist etwas Wesentliches in Gott, was zu uns, zu mir hin geschieht. Hinter diesem Kreuz, hinter dem, was dieses Kreuz aussagt, steht Wirklichkeit.

Warum ist Gott so? Ganz anders, als der Grieche es mit seinem Apoll gesagt hat, dem schönen Gott. Warum ist Gott so? Wir können darauf keine Antwort geben. Wir dürfen unendlich froh und dankbar sein, dass uns der Glaube an diesen Gott gegeben wurde, an einen solchen Gott. Dieser Jesus zeigt seine Hände nicht, um Mitleid zu erwecken, sondern um zu umfangen.

Die Ohnmacht der gekreuzigten Liebe

Johannes Bours

Vor ein paar Jahren hatte ich ein Gespräch mit Karl Rahner auf der Insel Wangerooge. Wir waren in einem Kreis versammelt und ein Jüngerer unter uns fragte ihn etwas unbefangen:

> *Herr Professor Rahner, wer ist Jesus für Sie?« Und da antwortete er ungefähr so: »Dieser Jesus von Nazaret sagt mir, dem Wissenschaftler, was ich nicht wissen kann. Er sagt mir, dass ich, der Getaufte, durch ihn für das Heil gerettet bin, für das Heil bestimmt bin. Er sagt mir das und er verbürgt mir das. Das ist Jesus von Nazaret für mich; und weil er mir das sagt und verbürgt, mir dem Getauften, kann ich es wagen, kann ich den Schneid haben, Arm in Arm mich mit diesem Jesus von Nazaret in den Abgrund fallen zu lassen, der das unsagbare Geheimnis Gottes ist. Wir müssen jedoch zunächst durch den Abgrund des Todes hindurch. Das ist das Gehaltensein, diese Zusage und Verbürgung durch diesen Jesus von Nazaret, der der Christus ist.*

Diese Kraft, die einzige, ist verborgen in der Welt und trägt alles. Das können heute, in der Welt, in der wir leben, nur Christen glauben. Woher sollte denn sonst diese Kraft der Zustimmung kommen, dass in dieser unserer Welt, in der wir leben, in der Verborgenheit seit Ostern diese tragende Kraft gegenwärtig ist und alles hält, und nicht nur unsere kleine winzige Erde, sondern das Weltall, den Kosmos? Er trägt das Weltall durch sein machtvolles Wort, er ist das Wort. Aber – und jetzt ein starkes Aber – was ist dieses Wort? Was ist seine Kraft? Was ist die Stärke, die das Ganze trägt? In einem geheimnisvollen Paradox liegt die Antwort. Es ist die Ohnmacht der gekreuzigten Liebe. Es ist die Ohnmacht der sich restlos verschenkenden Liebe.

Gottes Hinbewegung in seinem machtvollen Wort geschieht so, wie es das Kruzifix aus Würzburg zeigt; sie geht bis ins Letzte hinein, bis ins Äußerste hinein. Man darf auch sagen: bis in die Vollendung hinein. Die Schwäche Gottes entreißt uns dem Zusammenbruch. Die Schwäche Gottes entreißt uns dem Zusammensturz. Hingabe schafft Rettung.

Wir dürfen nicht stecken bleiben im Gott der Religionen; das ist der Gott der Macht. Aber der Gott der Offenbarung, das ist der Gott, der sich in die Ohnmacht des Gekreuzigten hineinbegeben hat bis ins Äußerste. Und das ist die Gestalt seiner Macht, ein unheimlich geheimnisvolles Paradox. Die Mitte, das geheimnisvolle Kraftzentrum, das alles trägt, ist das geopferte Lamm, das durchbohrte Herz.

Wir kommen oft nicht mehr zurecht mit den Rätseln der Welt, mit den Abgründen von Leid und Absurdität, mit den Abgründen von Schuld und Bosheit. Das Anschauen des Würzburger Christus kann uns daran erinnern: Tief verborgen im Innersten der Welt- und Menschengeschichte ist diese Kraft. Sie ist aber keine tote Macht und Kraft, sondern das Innerste der Welt ist Geist, ist Liebe, ist das Herz. Christus bittet uns, durch unser Leben die Ausstrahlung dieser seiner Hingabe zuzulassen. Dies kann durch uns hindurch in unserem Leben geschehen. Er bittet uns, seine Getauften, seine Brüder und Schwestern, dass wir es zulassen, dass seine Hingabe durch uns hindurch in der Welt verbleiben kann – bis er kommt in Herrlichkeit.

Auf dem Altar geschieht es: »Für euch hingegeben.« Durch Ihn lebt alles und wird alles gehalten. Wenn das in der Mitte der Eucharistie geschieht – dieses »für euch« –, dann ist Er lebendig da, verborgen, aber lebendig. Dieses wunderbare Kruzifix brauchen wir, um die Fülle dessen, was Er ist, auszusagen. Ja, wir brauchen es, um einen Impuls zum meditierenden Beten zu empfangen. Christus in der Welt, verborgen, ist die Kraft, die alles trägt; Christus in der Kirche und Christus in meinem Leben, der Christus in mir!

Komm, Herr Jesus, und lebe in mir
in der Fülle deiner Kraft,
in der Lauterkeit deiner Wege,
in der Heiligkeit deines Geistes
und bezwinge alle böse Macht durch deinen Geist
zur Ehre des Vaters. Amen.

Hingabe schafft Rettung

Johannes Bours

Wir schauen auf das Kruzifix aus dem Mittelalter, von Legenden umwogen. Früher befand es sich in der Krypta der Neumünsterkirche in Würzburg. Es war die tragende Kraft dieses Raumes. Das Wort Krypta heißt übersetzt: verborgener Raum, in der Erde verborgen. In diesem Raum der Verborgenheit gibt es diese tragende Kraft. Das ist ein Raum, der ist Symbol, man kann ihn meditieren. Bei der Meditation erhebt sich ja immer die Frage: Bin ich das, betrifft das mich, bin ich anwesend? Gibt es in meinem Leben etwas, wofür dieser Christus ein Bild sein kann? Gibt es in mir eine tragende Kraft, eine solche Mitte? Gibt es in mir eine Dichte? Was ist in mir das Durchhaltende, das Durchtragende? Es ist die Gesundkraft in mir. Welche Erfahrungen habe ich gemacht, etwa in Krisenzeiten?

Ein Kaplan, der erst vor einigen Jahren zum Priester geweiht wurde, sagte im Gespräch, man müsse mehr aus der Mitte leben. Wie meinte er das? Da ist ein Priester, ungefähr dreißig Jahre alt, sehr fröhlich; aber bald merkt man an seinem ganzen Wesen und seinen Äußerungen, dass diese Fröhlichkeit täuschungsvoll ist. Da ist eine merkwürdige, seinem Alter nicht mehr entsprechende Leichtfüßigkeit. Man fragt sich, ob man auf die Dauer diesen Mann ernst nehmen kann. Werden andere ihn in ernsthafter Situation um Rat fragen? Im Gespräch hatte man den Eindruck: Da ist kein Stand, es ist, als ob da Watte wäre. Es fehlte der Widerstand und er verfügte, da er alles sofort akzeptierte, über nichts Festes, über keine Konsistenz. Man hatte das Empfinden: Eigentlich kann man ihm nicht begegnen.

Ein anderer ist da, sitzt vor einem und alles ist Aggression, Bitterkeit, Zynismus, Skepsis. Woher kommt das?, fragt man sich. Ist da in der Verborgenheit seines Inneren ein Kern? Aber alles ist wund in diesem Kern. Und diese Verwundung äußert sich nun in Bitterkeit.

Was ist in mir, in meiner menschlichen natürlichen Veranlagung, in meiner Konstitution, in meiner Begabung und was könnte ich finden, wofür dieser umarmende Christus Gleichnis sein könnte? Manchmal frage ich im Gespräch, wenn jemand von einem Tal berichtet, in dem er war, oder von einer tiefen Ermüdung – auch psychisch gesprochen – was ihn wieder hochgebracht hat. Was war das, was ihn wieder auf die Beine gestellt hat? Es muss nicht unbedingt das Gebet sein, es kann auch sein, dass jemand sagt, er habe eine mehrtägige Wanderung gemacht, um wieder heil zu sein. Oft ist das eigentlich Tragende verborgen in uns. Wir fragen uns vor dem Christus am Kreuz: »Wo ist mein Wesen verankert und verwurzelt? Was hält mich, was prägt mich? Welche Wurzeln sind da, vielleicht von meinen Eltern her? Aus welcher Kraft lebe ich am meisten? Wovon lebe ich?

Es ist gut, sich auch einmal darauf zu besinnen für Zeiten der Bedrohung, für Zeiten der Krise, für Zeiten, in denen Gefahr da ist, dass man sich verliert, haltlos wird, für Zeiten der Resignation. Du warst doch bestimmt schon mal in einem solchen Tal. Was hat dich da wieder herausgebracht? War es vielleicht die gute Erinnerung?

Wenn man nur oberflächlich auf das Kreuz schaut, ahnt man nichts von dieser verborgenen Kraft, die in der Tiefe verborgen alles trägt. Wenn man Paulus die Frage vorgelegt hätte: »Was ist die Kraft in dir, was trägt dich, worin bist du verwurzelt, wovon lebst du?« Die Antwort ist ganz klar, er gibt sie durch all seine Briefe hindurch in letzter Eindeutigkeit: »Christus in mir.« Paulus sagt: »Ich kann alles in dem, der meine Kraft ist. Und für mich ist das Leben Christus.« Wenn man ihn wegnimmt, stürzt alles zusammen, denn Christus ist der Eine, der alles durch sein mächtiges Wort trägt.

Der umarmende Christus gibt uns die Antwort, was seine Kraft ist, die Stärke, die das Ganze trägt: Es ist die Ohnmacht der gekreuzigten Liebe, die Ohnmacht der sich restlos verschenkenden Liebe. Hingabe schafft Rettung.

Im Innersten der Welt

Johannes Bours

Die Dichtung unserer Tage weiß uns etwas über die Abgründe dieser Welt und den Absurditäten dieser Welt zu sagen. Es ist daher wichtig, die Dichter unserer Zeit kennenzulernen. Sie sagen etwas aus von der Zeit, sie verdichten die Aussagen unserer Zeit, sie sind die säkularisierten Propheten. Wir müssen hören, was sie sagen, damit wir nicht vorbeileben an den Abgründen unseres Lebens und unserer Zeit. Es gibt Dichter, die machen Literatur, die man nicht unbedingt lesen muss. Aber es gibt Dichter, die leiden und halten das Leben nicht mehr aus.

So wie Friedrich Hölderlin das Leben nicht mehr hat ertragen können, weil er nach Christus gesucht hat, ausdrücklich nach Christus gesucht hat. So zum Beispiel sein Gedicht »Der Einzige«.

Noch einen such ich,
den ich liebe unter euch,
wo ihr den letzten eures Geschlechts,
des Hauses Kleinod mir
dem fremden Gaste bewahret.

Mein Meister und Herr!
O du, mein Lehrer!
Was bist du ferne geblieben? …

Ich weiß es aber, eigene Schuld
ist's, denn zu sehr,
o Christus! häng ich an dir.

So wie ein Mann wie Paul Celan nicht mehr hat leben können, weil das Leben wortlos geworden war. Wo das Wort nicht ist, ist kein Gespräch mehr und keine Begegnung. Es ist gut, wenn wir die Dichter unserer Zeit kennen, damit wir nicht an den Abgründen von Schuld und Schicksal vorbeileben.

Der umarmende Christus kann uns daran erinnern: Tief verborgen im Innersten der Welt- und Menschengeschichte ist die göttliche Kraft. Der tiefste Grund der Welt ist Liebe, es ist das Herz. Und er bittet uns, durch unser Leben die Ausstrahlung dieser Liebe durchzulassen. Er bittet uns – dazu hat er uns gerufen –, durch unser Leben die Ausstrahlung dieser seiner Liebe durchzulassen. Er will durch uns seine Liebe weiterschenken. Es gibt viele Bilder, Symbole und Gleichnisse, die uns Christus nahebringen. Der Würzburger Christus jedoch spielt da eine ganz besondere Rolle. *Siehe, ich lege in Zion einen auserwählten Stein, einen Eckstein, den ich in Ehren halte; wer an ihn glaubt, der geht nicht zugrunde* (1. Petrusbrief 2,6).

Betrachtung des umarmenden Christus durch einen Kursteilnehmer

Des Öfteren wies ich während eines geistlichen Impulses auf den Würzburger Schmerzensmann hin und erzählte seine Geschichte. Am gehaltvollsten war der gegenseitige Austausch, wenn wir in Kursen intensiv über eine Postkarte dieses Christus sprechen konnten. Einige Wochen nach einem solchen Kursus schickte mir eine Kursteilnehmerin ein etwa 25 cm hohes Tonkreuz mit einem Christus, der die Arme vom Kreuz abgenommen und übereinandergelegt hatte – einer Nachbildung des Würzburger Christus auf modern abstrakte Weise. Ich war tief beeindruckt, als ich von der Kursteilnehmerin erfuhr, dass der umarmende Christus in der Werkstatt einer Psychiatrischen Klinik gefertigt wurde.

Bei einem der darauffolgenden Kurse nahm ich dieses Tonkreuz mit in die Gruppe und ließ es von Hand zu Hand gehen, um anschließend darüber zu sprechen. Der Eindruck war stark und wir schwiegen lange. Nach ein paar Tagen erhielt ich von einem Kursteilnehmer einen Brief mit einer Betrachtung zu diesem Kreuz.

Betrachtung zu einem Kreuz, das ich dreißig Sekunden in Händen hielt

Auf den ersten Blick ist es ein unscheinbares Tonkreuz, dessen Korpus und Kreuz hell gefärbt sind – eher eintönig, so könnte man sagen. Bei näherer Betrachtung jedoch fällt mir vieles auf und lässt mich darüber nachdenken. Das Kreuz besteht nicht aus scharfkantigen, senkrecht und waagerecht verlaufenden klotzigen Balken, sondern die Balken wie auch ihre Enden sind abgerundet. Der Querbalken strebt beidseitig nach oben und hat die Form eines Ypsilon. Schaut man nur auf das Kreuz, indem man sich den Korpus wegdenkt, so hat es das Aussehen eines Jubelnden, eines Menschen, der seine Arme vor Freude hochgerissen hat.
Der Korpus Christi hat einen kleinen Kopf, ohne dass das Gesicht ausgearbeitet wurde. Dies geschah sicherlich in einer besonderen Absicht. Der relativ kleine Körper weist eine tiefe Seitenwunde auf. Die Beine sind dem Körper angepasst, die Füße dagegen breit und rund. Sie liegen übereinander und lassen ein großes Loch sehen, in dem aber kein Nagel steckt.
Ganz besonders auffallend sind die Arme. Zunächst deshalb, weil sie nicht am Querbalken festgenagelt sind. Sie sind so übereinanderliegend geformt, dass man annehmen muss,

Jesus hat sie vom Kreuz abgenommen, um mit ihnen jemanden zu umarmen, den er fest an sich drückt. Die Arme und Hände sind überlang und groß gestaltet. Sie weisen zwei riesige Nagellöcher auf, in die man hineinschauen kann. Dass die Arme und Hände so groß geraten sind, muss einen besonderen Sinn haben. Der gesamte Körper wirkt dagegen recht klein.
Man muss wissen, dass das Kreuz in der Werkstatt eines Psychiatrischen Krankenhauses von kranken Menschen gefertigt wurde. Sie hatten am Sonntag eine Predigt über das Angenommensein durch Christus gehört und das Bild des Würzburger Christus gesehen. Nach außen waren diese Predigt und das Anschauen dieses Bildes spurlos vorübergegangen, aber innerlich müssen die Worte und das Bild die Zuhörer so beeindruckt, berührt und beflügelt haben, dass sie den Wunsch hatten, dieses Kreuz zu formen. Vielleicht spürten einige von ihnen sogar, dass sie nicht einmal mehr von ihren Angehörigen angenommen wurden. Mit diesem einmalig geformten Kreuz haben ihre Gestalter besser als mit wohlausgesuchten Worten dokumentiert, was es heißt, von Christus angenommen zu werden.
Ich komme noch einmal zurück auf den Korpus am Kreuz. Der relativ kleine Kopf ist ohne Gesicht, sodass man jedes Gesicht hineindenken kann, das eigene oder das eines anderen. Wenn wir uns als Umarmende sehen, können wir uns als denjenigen betrachten, der einen Mitmenschen annimmt,

so wie er ist. Dazu braucht man kein »großer Kopf« zu sein, denn dabei kommt es nicht auf den Verstand an, sondern auf das Herz, auf mein Herz und auf dein Herz. Die Herzwunde des umarmenden Christus sowie auch die Wundmale an Händen und Füßen sind übergroß. Damit zeigt uns Christus das Ausmaß seines Leidens.
Wie unendlich groß war das Leiden Jesu, das er für unsere Sünden ertrug. Und wie sehr leidet ein Mensch, der abgeschoben, ausgestoßen und alleingelassen wird. Und genau das müssen oftmals psychisch Kranke erfahren, weil sich die Angehörigen ihrer schämen. Doch auch wir erfahren es oft genug, dass andere uns »übersehen«, ausschließen und alleinlassen. Das bringt für viele eine bittere Erfahrung und großen Schmerz mit sich.
Die bergenden Arme Christi sind große Arme, starke und gleichzeitig liebkosende Arme. Sie umarmen und halten den, der sonst keinen Halt hat. Vielleicht wird dieser Unsichtbare zum ersten Mal in seinem Leben umarmt, gehalten und liebkost. Viele jedoch, die sich übersehen, ausgeschlossen und alleingelassen fühlen, müssen sich bei der Betrachtung dieses Kreuzes damit begnügen, sich in die Arme Christi hineinzudenken und hineinzufühlen. Vielleicht darf er sich auch so ein wenig in der göttlichen Liebe geborgen und von ihr angenommen fühlen.
Von dieser Geborgenheit müssen diejenigen etwas gespürt haben, die das Tonkreuz mit Liebe geformt haben, denn sonst

hätten sie es nicht mit einer solchen Ausdruckskraft gestalten können.
Aber auch du und ich sind vom Herrn gerufen, uns von seinen bergenden Armen umgeben zu lassen und seine Liebe zu spüren. Er hält und trägt uns besonders dann, wenn wir uns alleingelassen glauben und alleingelassen werden. Aber auch wir sind durch das Beispiel Jesu Christi eingeladen, »Übersehene, Ausgeschlossene und Alleingelassene« in unsere bergenden Arme zu nehmen und ihnen so Halt und Liebe zu schenken. Wenn jeder bereit ist, seine bergenden Arme um einen anderen zu legen, ihn annimmt und Halt gibt, dann tun wir das Wesentliche, das in uns eine große Freude hinterlässt.

Literatur und Bildernachweis

Literatur

Ellen J. Beer: Beitrage zur oberrheinischen Buchmalerei. Basel 1959, 94f.

Christian Hecht: Das Schmerzensmannkreuz, in: Das Neumünster zu Würzburg. Baugeschichte – Restaurierung – Konzeption. Herausgegeben von Jürgen Emmert und Jürgen Lenssen. Regensburg 2009, 33–43.

Christian Hecht: Das Schmerzensmannkreuz. Herkunft, Sinn und Missdeutung eines mittelalterlichen Bildthemas, in: Jahrbuch für Volkskunde NF 26 (2003), 9–30.

Christian Hecht: Von der Imago Pietatis zur Gregorsmesse. Ikonographie der Eucharistie vom hohen Mittelalter bis zur Epoche des Humanismus. Römisches Jahrbuch der Bibliotheca Hertziana Band 26, München 2006.

Werner Heiland-Justi: Das Graduale des Klosters Wonnental bei Kenzingen. Lindenburg im Allgäu, 2012.

Friedrich Hölderlin: Sämtliche Werke. Sechs Bände, Band 2, Stuttgart 1953, 168–172.

Przemyslaw Waszak: Gotische umarmende Kruzifixe und deren geschnitzte Vertreter aus Würzburg, Suhl-Heinrichs und Helmstedt, in: Mainfränkisches Jahrbuch für Geschichte und Kunst 69. Würzburg 2018, 15–36.

Wolfgang Weiß: Geistliches Zentrum oder Gelehrtenrepublik? Das Stift Neumünster vor der Säkularisation, in: Das Neumünster zu Würzburg. Baugeschichte – Restaurierung – Konzeption. Herausgegeben von Jürgen Emmert und Jürgen Lenssen. Regensburg 2009, 73–87.

Bildernachweis

Das »Schmerzensmannkreuz« oder der »umarmende Christus« (um 1350) hängt über dem nordöstlichen Seitenaltar des Oktogons der Neumünsterkirche in Würzburg. Die Fotos dieses 2009 restaurierten Kreuzes machte: Ulrich Kneise, Karlstraße 32, 99817 Eisenach.

Das Echthaarkreuz (15. Jahrhundert) hängt im Vierungsbogen der Neumünsterkirche in Würzburg. Foto: Ulrich Kneise, Eisenach.

Die Miniatur »Amplexus des heiligen Bernhard von Clairvaux« stammt aus dem Wonnentaler Graduale (1340–1350) des Zisterzienserinnenklosters Wonnental bei Kenzingen im Breisgau. Der Codex befindet sich in der Badischen Landesbibliothek Karlsruhe. Die Miniatur trägt die Nummer: Cod. U. H. 1, fol. 95 r.

Die als Vignetten verwandten Miniaturen, kniend betende Mönche und Nonnen, Männer und Frauen, die sich auf verschiedenen Seiten auf dem linken oder rechten Blattrand befinden, stammen ebenso aus dem Wonnentaler Graduale. Sie stellen Äbtissinnen des Klosters dar, Mönche und Nonnen, Adelige, Wohltäter und Gönner wie auch Stifterehepaare, die ein geistliches Habit tragen. Die Randfiguren sind namentlich zuzuordnen, da ihr jeweiliges Familienwappen über ihnen abgebildet ist.